福岡が生んだ硬骨鬼才外交官

山座圓次郎

樋口正士

Masahito Higuchi

the Story of
Enjiro
Yamaza

目次

まえがき

「外交」という言葉は外国との交際に関わる様々な政治的活動の総称であるが、その意味は二つに大きく分類することができると考えられている。

英国外交官のハロルド・ジョージ・ニコルソンの『外交』によれば、それは外交交渉という技術的側面と、外交政策という政治的側面である。外交という言葉は両者の全く性質が異なる概念を包括しており、使い分けられるべきものである。

また、プロイセン王国の軍人で軍事学者であるカール・フォン・クラウゼヴィッツは、有名な『戦争論』において「戦争とは他の手段をもってする政治の継続である」とし、戦争を外交の一種とみなしたが、軍事と外交は密接な関係にあり、歴史上多くの戦争は外交と連動して行われている。その内容は利害調整のための討論から、降伏勧告まで様々である。

このような観点から見ると、日本の命運の岐路がしばしば外交に左右されてきただけに、外交官に求められていたところも大きかったのである。

外交官の型も時代の流れと共に変わるかも知れないが、任国に対する十二分の知識蓄積の努力、優れた見識と適切な判断、そして政策遂行の胆力は、いつの時代でも外交官にとっては不可欠の条件である。

山座圓次郎は、それらを持って生まれた豪放硬骨の心と幼少時から培われた郷土の玄洋社精神を生かし、その上奇抜な戦略で以てして遂行したのである。

資料１　山座圓次郎

第一章　生い立ちから大学卒業まで

福岡は、壱岐・対馬を挟んで向かい側に朝鮮半島がある。日本海（博多湾・今津湾・玄界灘）に面した半月型の福岡平野の大半の部分を市域とし、一部に小高い山なども存在するものの概ね平坦である。市域西部・西南部は脊振山地の一角をなしており、標高が高く起伏の大きい地形となっている。

長大な河川はない一方で、平野周辺の山地から短い河川がやや急な勾配で博多湾に流れ込み、概ね市街地を経由しているため集中豪雨があった場合に氾濫し易い。一方、西の大部分や東の海の中道と島嶼部などには自然海岸も残っている。

日本海に面するこの地域は、昔から博多として認識されており、大陸方面への玄関口として利用されてきた。中世には商人による自治都市が形成され、戦乱で度々焼き払われながらも、豊かな町人文化を育んだ。豊臣秀吉の手で復興されたのち、福岡藩主・黒田長政が福岡城とその城下町を築いたことで、那珂川を境に西が城下町としての「福岡」、東が商人町としての「博多」となった。

一二七四（文永十一）年、高麗を屈服させたモンゴル帝国のチンギス・カンの孫、クビライが日本の服属を求め、時の鎌倉幕府がこれを拒否したことから、モンゴル人・漢人・女真人・高麗人などからなる四万人の元軍が襲来した（文永の役）。十月五日に対馬、十月十四日に壱岐を襲撃し、平戸や鷹島にある松浦党の本拠を全滅させた元軍は、十月二十日、博多湾から百道原に上陸し、激しい地上戦を展開した。しかし、赤坂の戦や鳥飼の戦で破れるなど苦戦を強いられた元軍は、夜間に撤退を強行したため、途中に暴風雨を受け甚大な損害を被った。

幕府は、再度の元軍の襲来に備え、博多湾岸に約二十キロにも及ぶ石築地を築いた。この史跡「元寇防《ぼう》塁《るい》」は現代にも残っており、「防塁」という地名も存在する。

その防塁と樋井川《ひいかわ》を隔てた地行《じぎょう》東町で山座圓次郎は生まれた。一八六六（慶応二）年一月二十六日のことである。

父・山座省吾は、黒田藩五石三人扶持の足軽で、明治維新の廃藩置県にて、藩政庁（今の県庁）司民局権少属の辞令を受けていた。母は、ひさという。

二　幼少年時代―達聡舎に集う「わるそう」―

傑士の幼年時代は皆乱暴もの、手に負えないものと相場が決まっているが、特に圓次郎少年は特別だったとみえて母のひさは「圓次郎のわるそうには困ったものです」と、いつもこぼすことが隣近所へのお詫びの挨拶だったという。

旧藩時代の階級的束縛を解き放たれてから十年余も経たず、当時の少年たちの皆が持ち合わせていたように郷土精神豊かな環境で育っていった。

民権の声が起こり始め官吏の横暴を馴らして向陽義塾（玄洋社の前身）が設置され、いやが上にも青年子弟間に政治熱が鼓舞されていた時代だったから、地行の貧乏士族集団の子弟たちがこの形勢を傍観するはずがない。
そこで圓次郎や大内源三郎、木山遷、前田磯、広羽貞、安河内武十郎、吉岡友愛ら数名の少年は木山の離れ家を借り、達聡舎という結社のようなものを設けて、常にそこに集まっては見よう見まねで演説討論を遣った上で、悪ふざけに熱中した。それでも理屈だけはつけて、「議論より実行へ」「怠け武士、国の大事をよそに見る馬鹿」を主義にしていた。

悪戯少年時代の友達といえば、安河内武十郎、明石東次郎（のちの陸軍少将、火薬の権威）、篠原虎吉、辰三郎兄弟、西川虎次郎（のちの陸軍中将）らで、特に吉岡友愛（のちの義弟・陸軍大佐、吉岡連隊長）とは何時も二人づれで、圓次郎のいる所吉岡ありの格好で、二人の悪戯合作は如何にわるそうの多い福岡でも群を抜いていたといわれる。

豪放不覇な性格がわるそう時代に作られたとしても、圓次郎少年の勉学を見てみると、地行小学校から藤雲館（福岡藩の藩校）と教育を受けながら成長していった彼は、抜群の成績であった。
前田磯、吉岡友愛が塾生であった百道私塾にも遊びに行っていたが、そこは西新の有志が設けた過渡時代の漢学研究塾で、明治十三年頃創立され、幕末の福岡藩に於ける漢学の大家で漢籍及び国学に造詣が深い辛嶋並樹先生が居て、圓次郎は塾生でなかったけれども盗学していた。そのため漢文と作文は特に得意中の得意であった。

三　東都遊学の奇襲戦法と学生時代

腕力にしろ、学問にしろ衆輩を圧倒していた圓次郎は、成長していくに従がって学問への情熱が燃えあがった。

その当時は、地元では師範学校と中学が創設されたばかりで、少し程度の高い学問をしようと思えば東京に行かねばならぬ。東都を目指したいと懇望したが、それには金が要る。家は貧乏士族、家族は多く、到底学費を出して貰えるとは思えない。

圓次郎は何か方法がなかろうかと悶々としていた。

ちょうどその頃、高級官僚として出世し福島県知事となった小野隆助（のちの神奈川県知事）が、墓参りのため郷里・大宰府に錦を飾って帰って来ているという噂を伝え聞いた。東都遊学の念に駆られる圓次郎は一計を企てた。

家人にも知らせずこっそりと家を抜け出して小野隆助をその大宰府に訪ねた。その当時、県知事といったら素晴らしいもので、到底普通人は近寄れないくらい、恐ろしく威勢のあるものと思われていた。

紹介状一本を持ち、福岡から大宰府まで約五里テクテク歩いて小野の玄関に座り込んでしまった。小野は「ツンツルテンの紺絣の単衣を着て、醤油を煮しめたような兵児帯を絞めて乞食のような若造が会いたいと言って玄関から動かぬ」と聞いて面会してみると中々元気がある。学問も良くできるようだ。それに東京へ行きたいという熱願が眉間に溢れている。

「ヨシ、連れて行くが、どんな苦労も辛抱するナ？」

「必ずやり遂げます」

この返答に大宰府から福岡までの帰路は、嬉しくて、嬉しくて、まるで足が浮いているよう、宙を飛ぶような気持ちで自宅に帰り、父、兄姉に、「東都遊学冒険の顚末」を報告した。

なお、紹介状は、玄洋社（付記参照）の舎監の藤島一造が認めたもので、山座の成績が抜群で、漢学の素養もあるのに惚れ込んで、小野に、是非東京へ連れて行ってやってくれと頼んだものである。


叩いた戸は開かれた。宿志遂に成る！

東都遊学を誰よりも喜んでくれたのは達聡舎の連中であった。


かくて山座が父兄、友人に前途を祝福されつつ、小野隆助に伴われて上京したのは一八八三（明治十六）年夏、十八才の時であった。

小野は同郷で親戚筋にあたる寺尾寿《ひさし》に依頼して、書生として住み込ませて、勤務先の福島県に帰って行った。

寺尾寿はちょうど帝大を出てフランス留学より帰国し、文部省御用掛として東京理科大学に勤務していた。その後同大教授となり、のちに東京天文台長を勤めた。

書生になった山座は、福岡時代のわるそう気分は残っていたが、反面、仕事には非常に緻密さを持っていたので寺尾夫妻には信用を博した。


山座は寺尾の書生になって東京で学問をするチャンスを掴むことが出来たが、自分だけ幸運に恵まれたく

資料２　寺尾寿肖像画（黒田清輝筆）

なかったのだろう。忙しい寺尾家ではもう一人くらい書生が必要だと考えて、奥様に、「自分くらい働いてしっかりした者が故郷に残っています」と言って、当事大志を懐きながら悶々のうちに田舎で代用教員をしていた親友吉岡友愛を推薦した。

「スグノボレ」の電報で上京した吉岡は親友山座と共に寺尾家の書生になったわけである。

寺尾の追懐談によれば、

「なかなか元気者で、自分が大学の官舎に居た当時、池にガマガエルが沢山いて鳴くので吉岡と二人で取って頻りに焼いて食っていた。自分がそれを見付けると『先生も一つやって御覧なさい。おいしいものです』と差し出すので、ついお相伴したことがあります」

と豪傑振りを発揮した。

同時にこんなこともあった。

山座はよく吉岡と二人、台所にこっそりと忍び込んでは酒を飲んだものだが、ある時例の調子でこれが酒だと思ってぐっと口に入れたのが、何とみりんであった。そんなとき山座はものを非常に面白がる男だったので笑いが込み上げ、飲んでいたみりんを噴出した。それが壁にかかってしまい、酒なら良いがみりんの事だから壁に汚点が出来た。それから酒飲みに忍び込むたびにその汚点を見ると、吉岡と二人で気になってしょうがなかったという事である。

山座は上京後間もなく共立学校に通学した。（明治十七年）

そこでは高橋是清（のちの首相）、神田乃武（男爵・英語教育）に教わっている。

同期生には水野錬太郎（のちの文相・内相）、芳賀矢一（国文学者）、中川小十郎（のちの貴族院議員で、立命館大学創立者）、白仁武（のちの日本郵船社長、八幡製鉄所長）らがいた。

一八八九（明治二十二）年、旧制第一高等中学校へ進級。同期生は、水野錬太郎、若槻禮次郎（のちの首相）、安達峰一郎（のちの大使・常設国際司法裁判所長）、荒井賢太郎（のちの商工農林相）、織田万（のちの京都帝国大学教授・常設国際裁判官）、小川平吉（のちの鉄道相）、夏目漱石（小説家）、正岡子規（俳人、歌人）、南方熊楠（菌類学者）、秋山真之（のちの海軍中将）らと、そうそうたる顔ぶれである。山座の成績は頗る優秀で、常に上位にいた。

学問が面白くなってくると書生業と両立しないもので、吉岡友愛は一八八四（明治十七）年春、士官学校に見事合格し寺尾家を去った。圓次郎も、学問専念のため寺尾家での書生生活を去り、牛込筑土八幡宮の社背にある万昌院境内の筑前宿舎に移り、翻訳したり、東京英語学校で夜学の教師をしたりして学費の一部を自分で稼いだ。同校での担当は、「世界歴史」であったそうだ。（明治二十四年）

年少の中学生に向かい豪傑の山座が世界歴史を説く有様は想像されて痛快ではないか。山座と帝大同年の若槻禮次郎、水野錬太郎などは皆、東京市内の中学校や夜学校の教師をしていた。

圓次郎の姉はつねといい、名護屋家に嫁した。兄は龍太郎といい、幼少時より病弱であったが福岡税務署に勤務していた。妹はいくといった。

そのいくさんの結婚逸話がある。山座が未だ帝大生時代の一八九一（明治二十四）年夏の事であった。

親友吉岡友愛は士官学校を出て新発田連隊の青年将校として気を吐いていたが、更に一八九〇（明治二十三）年に陸軍大学に入学し、東京で母と二人きりの生活をしていた。

老いた母は吉岡に嫁を貰うことを頻りに勧めた。その都度吉岡は「ハイ」と答えるばかりで実行しない。しかし、そのうちに年とった母に台所まで働かせるのを気の毒に思って遂に決心した。

「お母さん、嫁を貰おうと思いますが、誰が宜しゅうございましょうか」

「誰でもよかたい、あんたが気に入った人なら」

「私も誰でも宜しゅうございます。私の気づいた人は誰もござっせん」

「そんなら、山座のおいくさんはどうじゃろうかい」

「ハイ、あの人ならば宜しゅうございましょう」

「あんたが良かなら、相談してみてはどうな」

「山座ならやりましょう、これから行ってみます」

仲立ちなんかいりませんとばかり早速！吉岡中尉は、帝大生山座の下宿を訪問した。

「オイ、圓ちゃん、居るナ」

「ウン、居る。上がんない」

そこで妹いくさん貰い受けの談判だが、山座も「それは良か」とばかり福岡の兄龍太郎に相談し、目出度く縁談が纏まった。

妹いくを新橋に迎えた山座は、

「ウン、よう来た。それでは行こう」

「兄さん、どこへですナ」

「知れたこったい、吉岡ん方へさ」

「ウッマー」

呆れる妹いくを引っ張るように吉岡の所へ押しかけた。これにはさすがの豪傑吉岡も度肝を抜かれて狼狽、何はともあれ酒と料理とばかりに取り寄せて、吉岡母子、山座兄妹で水入らずの珍無類の三三九度の式は目出度く終わり、妹いくは旅装も解かずにそのまま台所で働き、吉岡、山座の痛飲に差支えないような御馳走を作ってくれた。

かくて親友吉岡は義兄弟となった。


山座に劣らぬ豪放一徹な吉岡将校に仕えて、妹いくは良妻振りを果たした。のちに日露戦争の奉天会戦で吉岡連隊が全滅し夫が戦死した後、乃木希典将軍夫人が吉岡家を弔問した時のこと。いく未亡人が、

「夫は一克者でございましたから、さぞ将軍の御気に召さざりしことと存じます」

と言えば、乃木静子夫人はさえぎって、

「どういたしまして。夫とは余程気が合うていたと見えまして、たいへん惜しがっている様子でございます。しかし一克は何れも同じことで、一克者の妻は中々骨が折れますねー」

「ハイ、しかし、私は不束者でございますから、まだその骨折のところまで参りませんのがお恥ずかしゅうございます」

この簡単な問答から乃木将軍にして静子夫人あり、吉岡大佐にしていく夫人ありという感じを受ける。山座は良き義弟を得ると共に良き妹を持っていた。

一八九二（明治二十五）年七月、山座圓次郎は、東京帝国大学法科を最優秀の成績で卒業した。二十六才の時である。

第二章　外交官となる

――大陸政策への第一歩――

一　韓国釜山総領事館勤務（領事館雇）──釜山京城間の秘密測量──

大学にいながら郷土福岡の先輩を時に訪問して高説を承っていた山座圓次郎は、どうも自分の性分に似合う方面は支那か朝鮮らしいと見当をつけた。

そこで福岡の先輩である金子堅太郎（伯爵・枢府顧問官）と栗野愼一郎（子爵・枢府顧問官）の添書を持って釜山総領事に赴任しようとしている室田義文（水戸の豪傑で貴族院議員）に面会した。その紹介状には「こういう有為の書生がいるからお前会っておいたらどうか」と（室田談）。なんと幸福な紹介状であったろう。

福岡の先輩はこうして東京に遊学している学生を分け隔てなく引き立ててやるところに他に見られない美しさがあり、後輩はまた非常に恵まれている。

室田義文は当時二度目のお勤めで、朝鮮問題で日本と支那が対立して段々難しい懸案有るところに大任を帯びて赴任する所であった。

青年時代、武田耕雲斎などと組んで天下の形勢を論じ大奔走した明治維新の生き残りであり、生粋の水戸《ミト》ッポーたる室田は山座に会って、

「よし、釜山に連れて行こう。大学は卒業前でもいいから雇として赴任するがよい」

「行きます。しかし私は上京して以来、母を見舞うのは夏休みに帰郷する時くらいで、それも夏休み毎に行くことが出来ません。釜山に行くに当たって幸い一、二ヵ月母の手許に居って孝養を尽くして行きたいと思

いますが、如何でしょう」

「何時までに着任せねばならぬという訳でもない。ゆるゆる孝養を尽くしてから赴任するがよい」

今どきの官庁や上長には見られぬ悠長さと温情溢れているところ羨望ものである。かくて一八九二（明治二十五）年七月、大学を出た山座は同月四日領事館雇を命じられ、一旦福岡に帰り十月釜山に着任した。

玄海灘を揺られ釜山埠頭に立ち、白衣の朝鮮人が早口に喋りながら右往左往しては雑踏し、仰げば樹木なくただ禿た肌寒い山など特有の朝鮮風景を仰いだ刹那、熱血児山座圓次郎の運命はこの時決したといって良い。

―朝鮮、支那問題を通じて東亜の和平と日本大陸政策の完全遂行に精魂を傾けて奮闘するのだ―

総領事館に着任の挨拶に来た山座を見て、室田総領事は、これは異様な事だと眼を見張ったという。それはその服装である。その頃では到底貧乏書生が手に入れることが出来ない仕立て下ろしの最新流行型ともいうべき立派な背広に、余りに不釣り合いな油染みた古臭い破れ帽子である。

外交官としては余りにひどいチグハグな服装に室田も着任の日にも拘らず思わず決めつける様子で理由を尋ねたところ、「実は福岡に帰って母に孝養を尽くすうち郷土の大先輩平岡浩太郎氏の所に、こういう訳で釜山の室田総領事の部下として厄介になる事になったと報告しました。さすれば平岡氏曰く室田なら自分も良く存じている、あの男は根は豪傑だが服装はやかましいぞ、そんな破れ学生服ではいかん、俺の服を着て行けと、喜んで服を分けて下さいました。然し帽子は平岡氏のを頂戴して被ってみましたが、一向に頭に収まらず、それで従来の破れ帽子を被ってきた始末です。そのうちに何とかしますから」と澄ましたものだ。

ハイカラなこの頃の外交官の服装苦心と想い合わせると、なんと世紀が違う微笑ましい逸話でなかろうか。

ところが、山座外交官の服装逸話には未だ続きがある。

ある朝といっても午前五時頃に山座が総領事に会いたいと面会を求めて来たので、何時も九時過ぎにしか出て来ない山座が一体何の用事かといぶかりながら応接間に出てみると、

「総領事、是非貴方の上衣を一着頂戴したい」

余りの出し抜けに、一体それはどうした訳だと聞けば、

「実は昨日、領事館の者や、釜山に居る博多から来ている連中約二十人ほどでマキノ島に懇親会に行きました。上衣がないので総領事の奥さんに頼んで上着を借りて行きました。ところが寒かったので、焚火をしたらその焚火で上衣を焦がしてしまいました。総領事に断って借りたのならば差支えないが、無断で奥さんから借りたのだから焦げたのを黙って返す事が出来ない。といって新調して返したら却って総領事は怒るでしょう。だから一着頂きたいのです」

その弁解を一部始終聞いているうちに豪傑の室田総領事のこととて却って嬉しくなり、

「その焦げた服はやるから着給え」

それから焦がした上衣を二年も三年も着ていた磊落振りには寧ろ、室田が呆れていた。

衣食住の豪傑振りはそれとして、志を立てて外交官を志した彼が如何なる抱負を風雲動く東大陸に抱き、輝ける手腕の一端を顕わしたかを見てみよう。

室田総領事は山座が栗野、金子伯爵共同推薦の者だから、そんじょそこらの凡クラ大学卒業生とは思わなかったが、或る一日山座に真剣なテストを試みた。

「山座君、君は大学で世界歴史を学び、外交官を志してこんな辺鄙な朝鮮にやって来たが、君は朝鮮で何を為そうとするか」

「日本の発展の為に飽くまで朝鮮の独立が必要である。朝鮮が今のように支那の手先となったり日本の安危を脅かすようでは、東洋の平和が望まれない。それには個人としても役人としても是非努力したいと考えている。

もう一つ、朝鮮を開発するには、どうしても釜山から京城まで鉄道を敷かねば嘘だ。これも他国の事だから容易な事ではないが調査なりとも出来ればしておきたい。これらの為、一命を捨てても構わない」

この異常に強い決心に室田はすっかり山座に惚れ込んだ。

当時、朝鮮が清国の手先となって半島から日本を脅かしてくるので、朝鮮を独立させて日本の発展を図ろうと言論界は緊張し、全国の志士は、朝鮮独立を企画して働きかけた気配のあった時で、若い山座が朝鮮の独立と、而も釜山と京城間の鉄道を我が国の手で敷く為に一命を捨てると啖呵を切ったのだから、惚れない方がどうかしている。

恐ろしく気の早い室田総領事は山座の意見を実行に移しにかかった。

その経緯を室田の話から見ることにしよう。

—そこで自分も他国の事であるから欲しいままに測量も出来まいが、時機があればやってみたいと考えて、いろんな方面から兎に角七百円だけ金を集めた。それから実施しようというので井上鉄道局長に松本壮一郎君（元商相・松本蒸治の父）を遣って仕事をして欲しいというと、松本君を測量にやることは出来ないという。その時に山座君の話に本間英一郎君は先輩だからきっと良いというので、また井上鉄道局長に本間を貸せと頼んだら碓井峠の工事をやっているから当分離すことが出来ないという。遂に仙谷貢工学博士（のち鉄相）にも相談したが駄目だった。そこで河野賢次を内務省から借りてきた。

そこで私は山座君に謀ったのである。

「いよいよ政府は技師を派遣する事になったが、他の国で無鉄砲に旗を立てて、測量する事は出来ない。お前、妙案はないか」

「別に案もありますが、あなたが一つ釜山から京城まで旅行すると言って朝鮮政府から許可を受けたらどうです」

「許可は得る。然し旅行だけでは測量は難しかろう」

「それには一策があります。それはあなたが釜山から京城まで猟銃を持って行って猟をしながら旅行する。その途中には日本のような島国と違って朝鮮は大陸地であるから種類の変わった鳥獣が沢山いる。それを獲って日本の博物館に標本として贈るのである。そのために鉄砲を撃ち撃ち旅行すると、朝鮮人の癖として大勢集まって来て困る。危険だから近づかぬようにして欲しいという事を朝鮮政府に注文付けたらどうでしょうか」

「それは至極妙案だ、やってみよう」

直ちに朝鮮政府から、「今度、日本帝国の総領事・室田という人が釜山から京城まで旅行する。その旅行

資料３　室田義文
（出典：『北海道炭礦汽船株式会社五十年史』）

中は所々で鉄砲を撃つ。その鉄砲を撃つ印しに赤い旗を立てるから、その近傍には近寄らぬようにしてくれ」という事を沿道に命令して貰った。これでしめたとばかりに私（室田）は猟銃を担いで歩き出したが、良く命令が届いたとみえて朝鮮人が寄り付かぬからうまく測量して行く。ただ、なかなか捗らないことと、今まで一度も猟銃を担いだことがないので、退屈でたまらないから、三日ばかりして山座君に鑑札を渡して自分の代わりに猟銃を担いで歩いてくれと頼んで交代したことも二、三回はあったが、その策戦見事に奏功して沿道を満足に測量してしまった。

山座君と瀬川君と川上辰次郎の三人が一室に篭って三通写しをとった。それを外務大臣に一つ、参謀本部に一つ、澁澤栄一男爵に一つ送った。澁澤男爵に送った書面には、どうせ鉄道なんかは政府の方では難しかろう、実業社会の力を借りていつかは実現の時機が到来するものと思う、ということを詳しく書いておいた。その測量図が基を為して日清戦争中に仙谷博士が調査して、遂に釜山京城間の鉄道を日本の力で敷くことになったのである。これには山座君が与かって大いに力がある訳です――

二　清国上海総領事館勤務（外交官補）

山座圓次郎は、大学の友人があんなバンカラが外交官になんてなれるものだろうかと懸念するのを見事に蹴飛ばして、日清戦争が開かれる前に釜山京城間を堂々と測量するという重要外交を一雇でありながら敢行し、後年の山座剛腹外交の片鱗を早くも顕わして、かくして彼は一八九三（明治二十六）年九月十八日外交官補に任じられ、上海在勤を命ぜられて上海総領事館に副領事として赴任した。総領事（代理）は林権助である。釜山出発は十一月十四日、馬関経由、上海着十一月二十二日。二十七才の時である。

赴任中に朝鮮の独立運動家・金玉均が、日本に見放され上海に亡命していたところを同志の裏切りで暗殺された。（明治二十七年三月二十七日）

それを支那が軍艦で朝鮮に持ち運び死体を改めて極悪人・金玉均として傑刑にした事件が起こった。時の総領事は大越政徳だったが、実務は殆んど副領事・山座の仕事であり、その時執った処置が頗る適宜だったという訳で、外務省でも彼は将来有為な人間であるという事をその当時から親しく知られるようになった。

山座はよく手紙を書く男で、父母兄弟、知人にはいつもこまめに便りを出していた。達筆で勤め先の模様などを詳しく知らせているので、当時の外交界の裏面を思い当たるような珍しい書面が残っている。

上海に在勤中に義兄名護屋繁樹に宛たもの（福岡博物館蔵）には、次のように認められている。

（前略）本邦内地は選挙騒動引き続き銀婚（二字不明）随分賑敷事と御察申候、当地も式日は可なり面白く相暮し申候、玄洋社派の失敗驚くほどの事も無之候、只議会醜男子一人を欠きたるは傍観人の為には遺憾不尠義に存候、貴地は相変らず津ノ守君の御当選目出度くもあり目出度くもなし小生ズント飛び抜け今月末頃より福州厦門台湾へ出張の都合略々極り人食うとか聞く生蕃の御面相拝見の上自分のものと比較致度呵々捺印を見ると一八九四（明治二十七）年三月十九日長崎とある。文中の玄洋社派の失敗とは選挙干渉事件の事をいい、議会醜男子一人を欠きとあるは、玄洋社の豪傑であった香月恕経がジャンコウ（あばた）で醜男子の誉れが郷土に高かったによるが、生蕃人と御面相比べにこれから行くのだというに至っては洒々落々が想見される。

そしてその五月、東学党の乱が起り、朝鮮問題が逼迫した。山座は日本が遂に出兵に踏み切った直ぐ後の同年八月帰朝を命じられ八月十二日出発、十八日帰国。八月三十日には釜山へ転任を命じられる。

三　韓国釜山総領事館勤務

一八九四（明治二十七）年九月四日に、圓次郎は再び釜山に舞い戻って来た。領事は加藤増雄で、山座二十八才の時である。

その年、甲午農民戦争（東学党の乱）が起こっていた。

東学党の乱が発生すると、釜山在住の吉倉汪聖・武田範之・大崎正吉ら壮士グループ九名によって東学党を支援する事を名目として天《てん》佑《ゆう》侠《きょう》が結成された。その後、「二六新報」主筆の鈴木天眼や玄洋社の内田良平、大原義剛ら日本国内のアジア主義者も参加して、六月二十七日に大崎の事務所に合計十四名が集まって東学党合流を目指して釜山を出発した。彼らは東学党の全琫準と全羅北道の淳昌にて会見を持ち、清が李氏朝鮮の宗主国として相応しくない事を説き、漢城を占領する清軍の排除を訴えた。その後、彼らも漢城に向かったが、途中で日清戦争勃発を聞いて急遽日本軍との合流を決定し、その後は日本軍のための偵察活動を行ったり、諸事情で日本に帰国するなどして自然消滅した。

一説によれば、その天祐侠が活躍しだしたのは山座が気脈通じて参画したからだとも伝えられるが、この辺の記録はあまり明瞭ではない。それは山座が釜山に来た時には、既に結成された天祐侠は東学党に合し、漢軍と戦闘を行って、その結成には参画する余地はなかったと思われるからである。

山座が彼らと拘わりを持ったのは、天祐侠が事、志と違い、日本官憲が追及する処となった際、取調官として彼らを庇ったという時である。

その一人である吉倉汪聖らは、昌原金山のダイナマイト奪取の件で、憲兵隊に捕えられ釜山に押戻され領事館の獄に繋がれた。山座は彼らを強盗罪にするのは忍びず、鉱主・牧健三父子を諭して、その証言を被告に有利にならしめるよう尽力し、裁判の結果無罪となった。また当時病身で逃げ回っていた内田良平らその一味も助かり、内地に戻っても再び追及されることはなったという（『東亜先覚志士記伝』、『内田良平伝』明治二十八年）。

明治維新後三十年足らずして新興日本は、大国支那に向かって敢然宣戦布告して日清戦争に突入（八月一日）、東大陸に伸びる日本の第一歩を力強く踏み出した。徹底的膺懲あとに日本と朝鮮の攻守同盟が結ばれた。

その頃の事である。

朝鮮事情の調査のため、領事館の山座と瀬川は、釜山から南と北の二方に分かれて出発した。

普州に着いた山座は直ちに県庁を訪問した。ところが「モサ」（日本なら書記官に当たる）が出て来たので、一緒に授業参観に行って児童への教授振りを見た。その授業を参観しながらモサに尋ねた。

「朝鮮ではどんな教科書で児童を教えているのか」

「史記、詩経、論語、孟子の様なものを読ませている」

「朝鮮の歴史というものは科目の中に入ってないいか」

「私の国は支那の属邦で、支那の方策を仰いでいるから、支那で使う教科書を覚えておれば良い。別に朝鮮国の歴史といって学ばせる必要はない」

この返事を聞いて驚いた山座は、お前なんかと話しても解らない、名前は何と言うのだと問い詰めるとなかなか名を明かさない。だが、問い詰められてしまいには「金面仲」という名前を書いて出した。ところが山座も朝鮮は詳しいから此れは偽名だと看破してしまったが、そこはそのままにして、直ちに県知事を訪問して、モサとの経緯を詳しく話した後、

「今日はどういう時期であるか、即ち日本と朝鮮は攻守同盟を約束しているではないか。そうすれば支那は日本にとっても朝鮮にとっても敵国ではないか。その敵国から方策を受けているというような事を責任ある役人が信じているのは実に怪しからん」

と語気を強めて難詰したからたまらない。

県知事はすっかり狼狽して、只訳も無しに相すまぬ相すまぬの一点張りで謝罪するという有様で、そのまま盛大な宴会に招かれてしまい御馳走された。

その夜は大いに飲み食いして別れ、その翌日再び県庁を訪問したら、前日、山座に偽名を使ったモサが庭に引き出されて鞭でビシビシ撃たれては悲鳴を上げているところであった。

これを見た山座はまたもや県知事を捕まえて、

「このモサ一人を罰したところで、何の為この男が鞭で打たれているか判らない。それでモサを罰するよりは『このモサは昨日日本総領事館の山座とかくかくの問答をした。こんな答えをした事は朝鮮の君主に対して相済まぬ訳である。役人は勿論、人民もこういう考えを持ってはいかぬ』という事を判り易いように県に布告しモサの罪は許してやっては如何か」

と注文したので、それを聞いた県知事はオーケーとばかりにその通り何千枚かの布告を作って官衙に貼り出したり、また郡司に綿密に言い渡したりしてこの一件は落着した。

若い二十代の外交官補で、幾ら攻守同盟している国であるとはいえ、その一県に乗り込んでいき非違をビシビシ摘発し、布告まで出させていくという胆略と鬼才は見るもの聞くものをして、誠に喝采を叫ばしめ、信頼の情を起させるに十分である……かくて圓次郎のわるそうは外交界に善用されてきた。

四　韓国仁川領事館勤務—「小村外交」を継ぐ列車中の朝鮮論—

一八九五（明治二十八）年五月十七日、山座圓次郎は仁川在勤を命じられる。二十九才の時である。釜山から仁川領事館に転じ珍田捨巳領事の下で領事代理を勤めていたが、着任から間もない十月十日、山座は帰朝を命じられる。但し、帰国前京城に出張を命ぜられた。

その時、小村壽太郎（付記参照）が閔妃《ミンピ》事件で三浦悟楼公使が召喚された後を追って政務局長から韓国全権大使となって赴任してきたのである。

小村に仁川から京城まで御伴する間、山座は予てから持している朝鮮に対する意見を遠慮なく吐いた。小村は「ウヌ、ウヌ」と軽く点頭しながら考え込んだ様子をとりつつも、時々覚めたように異様に鋭い瞳を輝かせた。この時小村が「小村外交」の後継者として山座を認めたのか否かを知るは小村本人のみだが、少なくとも山座にとっては無意識の内に重大な瞬間を過ごしたのだった。

小村は当時から「自分は一生を国家の外交に捧げる。内務の事は自ずから人があるだろうから自分は外交問題だけで国家に御奉公する」という固い信念でいた。

それが凝固して一代の名外交家として、日露戦争前後の帝国外交のピンチを短躯に担い日本を九鼎の重きに置いたのである。

外交官志望の者なら鹿鳴館の馬鹿騒ぎの後ではあるし、何でもハイカラ、舶来好みで英米仏の華やかな都の駐在を希望するものであるが、山座が「雇」として釜山の総領事館にまっすぐに飛び込み、豪傑上長の下で真剣な外交修行をし、東亜の動きを凝視したこと、その間に、帝国外交の中心人物に、その豪放、機略振りを認識して貰ったことはどれだけ幸福であったか判らない。

京城で小村と別れた山座に差し出されたのは、駐英公使館付三等書記官としてロンドン駐在を命ずるという嬉しい辞令であった。

五　英国公使館勤務（三等書記官）

釜山を振り出しに四年間、東亜の空気に浸った山座が世界外交の中心地、大英帝国のメトロポリス・ロンドンに書記官として赴任するのだからたまらない朗報である。その辞令をしっかり握って仁川波止場に帰って来た彼に、今度は一通の電信が待っていた。

―曰く「ハハキトク、スグカエレ」

福岡の母が危篤なのだ。左手に持っているのはロンドン赴任の喜びの辞令、右手に握っているのは母危篤の電報、禍福はあざなえる縄のごとしとはこの事か、山座は仁川波止場に立ち尽くして人生は皮肉だとひしひしと感じた。

母の危篤とあってはロンドン赴任もあったもんじゃない。一刻も早く帰郷して母をみよう。

親孝行な山座は断腸の思いで目の前に見えるような博多の空を望み、老母の回復を祈りつつ、領事に事情を訴えて賜暇願いを出した。

それは直ちに電信で外務省に通達されたが、外務省が暇を取っていて中々許可が来ない。その間山座は母の病気が心配でジリジリしている。とうとう三日か四日掛かって許可が来た。それから直ちに福岡に帰り病床の老母の枕元に駆けつけたが間に合わなかった（八月一日母ひさ、死去）。山座はこの時ほどジリジリと焦慮し、また外務省の属僚どもの書類決済の間抜けなさを痛憤したことがないと、手紙で室田翁に漏らしている。

慈悲深い母を喪った悲しみを胸に抱きながら、公使館付三等書記官に任ぜられ十一月四日英国赴任のため帰朝を命ぜられ、十一月十四日仁川を出発し、同二十三日帰京した。

一八九五（明治二十八）年十二月二十八日、東京を出発、翌年二月十日ロンドンに着任した。山座三十才。公使は加藤高明であった。

弊衣弊帽で頑張った朝鮮と違って世界外交界の桧舞台であり、世界繁栄の中心地で外交官といえば服装も何もかもやかましいのには、すっかり往生して時々福岡に失敗談や愚痴を言って来たという。

ロンドンの公使館に於ける勤務ぶりを後年広田弘毅が書いている。

「私がロンドンに着いて先ず知りたく思ったのは書記官としての山座の事蹟である。氏は当時果たしてどんな仕事ぶりを示したか、私は早速公使館の書庫を漁った。書記官としての山座は公使館の会計係であった。だがその会計報告の綿密さは克明周到な氏の執務振りを示して余りなきものであった。豪放磊落たる山座圓次郎氏は一代の名文家にして我が外交文書に規範を残したとさえ言われる人であった。又一面最も詳細周到なる事務家であった。私は少なからぬ驚異の眼を以てこの克明詳細を極めた会計報告書を暫らく凝視したのである。自然山座氏が加藤公使の絶対的信任を受けていたのは言うまでも無く、この当時公使が東京に致した重要報告書の中には山座氏の手に成ったものが少なくない。就中、日英同盟に関し初めて公使が提出した意見書の如きは遂に同条約締結の基礎となったものであるが、これまた書記官をしていた山座氏をして起草せしめたものであり、行文の明快、実に後進の渇仰措かざるものである」

豪放の半面に緻密を持ち合わせていたことは山座の一大特性で、無鉄砲に近い豪傑振りの一面にこうした細密周到を極めた点のある事は、山座を知るものの三嘆するところで、この両面をうまく持っていたことからこそ名外交家と謳われるに至ったものである。

一八九七（明治三十）年　公使館二等書記官に任ぜられる。三十一才
一八九八（明治三十一）年六月　清国償金事務の功により勲五等瑞宝章を賜る。三十二才
同年十一月十六日　帰朝を命ぜられる。
一八九九（明治三十二）年一月二十八日　ロンドンを出発し、三月十五日帰国する。三十三才
テームス河で体を洗ってスマートな外交官になった山座は、同年三月三十一日韓国在勤を命じられ、五月十一日東京を出発し、五月二十六日京城に着任した。
同年十二月一日領事兼公使館一等書記官に任ぜられ、加藤増雄公使、続いて林権助を輔翼した。

六　韓国京城公使館勤務（領事兼一等書記官）――「ください」「やろう」と酒盃のうちに婚約――

早稲田の大隈重信侯の右腕ともいわれる神鞭知常《こうむちともつね》（大隈・板垣内閣の内閣法制局長官兼内閣恩給局長）は一万坪の大邸宅を構え、政界（衆議院議員）に雄飛して颯爽たるものがあった。その長女賤香は上流社交界に於いて評判の美貌と才気に優れ、文字通り才色兼備の麗人で、父知常の自慢でもあった。

三十過ぎても妻を迎えず外国務めをする山座には、あちこちから縁談が降るようにあった。然しその都度に「将来大仕事をしようと思えば良妻を迎えなければ駄目だ。良い妻を自分で探して貰ってくるからその方の世話なら無用だ」と豪語していた山座であったが、神鞭の令嬢の話を聞いて「これぞわが妻」と決めてしまった。

たちまち草す名文……曰く、神鞭宛に、令嬢賤香さんを是非是非拙者に下され度候……と。

これを受け取って神鞭知常、流石彼も一風変わった豪傑だった。

山座は、会いたいから来邸されたしという手紙を貰って神鞭家を訪ね、広壮な庭園を眺めながら座敷で待った。

相対した政界の重鎮と一介の外務書記官。襖の蔭には深窓に育って麗貌類なく婦道高き令嬢が、大胆にも自分を貰いに来たというのはどんな青年かと胸ときめかしつつ期待に震えて佇んでいた。

何はともあれ……という訳でもあるまいが、盃を酌み交わしつつ、談論風発、天下国家に話が飛び、話が佳境に入って、いつ果てるとも知らぬ。そのうちに酔った山座が「令嬢やんなさい」と究極の問題に突入すれば、何と簡単な事か、盃を口に当てようとしていた神鞭が「ウン、ヤロウ」と頷いてしまった。

襖の陰で模様の一部始終を聞いていた令嬢の述懐によると、父知常と山座が余り長く飲むので、あんなに酒を飲む人の所に嫁げと言われたら、どうしようかとハラハラしていたと。

――けだしさもありなん。それにしても神鞭知常でかしたり、良く娘を遣ったり、賤香さんも良く嫁いだり――

資料4　神鞭知常

資料５　和服姿の山座圓次郎－結婚式当日と思われる－
（出典：『山座円次郎伝』）

洋学の出来る陶淵明を婿にしたと、その後神鞭が山座を自慢していたし、山座もよく酔った時には神鞭家乗り込みの巻を得意に語り出すのであった。

結婚は一八九九（明治三十二）年五月一日、山座三十四才、賤香夫人二十一才、晩酌人には平岡浩太郎（玄洋社社長、実業家、衆議院議員）夫妻がなった。

賤香夫人は素面の時はないと言われる山座に仕え、典雅な容姿と気品は、外交官として豪放でありすぎた山座の欠点を補って賢夫人の誉れが高く、一九〇八（明治四十一）年山座が英国大使館参事官として在任中に、のちの宮相・松平恒雄が山座の下で二等書記官として働いていたが、その頃松平の長女として誕生あそばされたのが畏くも勢津子姫（のちの秩父宮妃殿下）であった。子のない賤香夫人は勢津子姫には産湯からおむつの世話までしてやり、その真情に、よちよち歩きの勢津子姫は「おばちゃん」「おばちゃん」となついていたと言われる。

その後年移り山座の逝去後、未亡人は東京青山高樹町に亡父の霊を弔っていたが、勢津子姫が秩父宮妃殿下として御入嫁、新宮家を御創家されるに当たって、気品見識、外国使臣との交際法に明るい婦人を宮家御用取扱として選ぶとき、宮内省は賤香夫人に白羽の矢を立てた。妃殿下との御内縁から、また婦道高く外国人との交際の道に明るい点から、また皇太后殿下の御信任から見て、全く最適任というべきである。一九三七（昭和十二）年のジョージ六世戴冠式に陛下の御名代として秩父宮両殿下が御差遣あそばされた時は供奉し奉り、能くその大任を果たし、帰朝後も日夜、宮家へ感激の奉仕を続け淑徳の誉れは益々高かったと伝えられている。

第三章　外務省政務局長時代

一　小村・山座の名コンビ―日英同盟締結へ精力を集中―

山座は、一九〇〇（明治三十三）年六月四日、京城領事館在勤を任ぜられる。領事を免ぜられ、書記官専任となった（七月二十一日）。三十四才の時である。

新妻賤香夫人を携え一等書記官として京城に赴任した山座は、今までと違ってバンカラ書生生活を清算した。新婚の温かみで琴瑟《きんひつ》相和し、仁川領事館時代のような管内の巡査と格闘するような血気は出さずに、良く大局に目を注いで時の公使を助けた。

一八九九（明治三十二）年、清国で義和団事変（義和団事件）が起こった。

秘密結社の義和団と農民が蜂起した外国人排斥運動である。清朝も列強に宣戦布告したが、日本を含む八カ国の連合軍が北京を攻略した。その後、清が賠償金を支払い、列強の軍隊の駐留を認める条約が結ばれた。義和団事変を一契機として、ロシアが日本を脅威し、更に列強が日本軍の強さを認識したものである。その点非常に意義の深い事変であったが、朝鮮にいながら山座は早くもその重要性を認識し、伊藤内閣が財政問題で更迭しようとする噂などは当然中止さるべきだと兄龍太郎に欝懐を洩らしている卓見ぶりである。

炎暑の候益々御清勝奉大賀候義和団猖獗、我邦よりも陸兵派遣ありたる由、厄介なるは何時も清韓両国に御座候、内閣更迭談も何れ中止なるべくこの際十分の注意なくては或は列強間の大衝突を惹起するも之有るべく候（明治三十三年六月十八日）

一九〇〇（明治三十三）年八月十日には一時帰朝を命じられる。（八月二十二日帰国、九月二十一日帰任）

義和団事変の中心地北京の日本公使館付武官で彼の親戚にあたる大尉・守田利遠（福岡市出身・支那浪人）が籠城して、その安否が親戚一同に気遣われていた。そこへ連絡のため外務省に急遽出頭せよと命ぜられて上京の途次、釜山で守田の無事を知って火急に拘わらず時を割いて福岡の兄龍太郎の処へ一書を飛ばしている。

扨此度は突如電報にて帰朝を命ぜられ、数日間滞京のつもりにて直ちに出発すべしとの訓示に接し依って行李匆々上東の途に就き（中略）御用の都合では或は不得巳神戸より仁川へ向け直航せざるを得ざる乎と存じ甚だ懸念罷有候（中略）北京も愈々連合軍に救われ、守田君にも御無事の由欣抃雀躍の至りに御座候。小弟も釜山にて該報に接し、大いに安心仕り、右宜しく御伝言願上度（明治三十四年八月二十四日）

山座の感心な事は、どんなに火急な時でも福岡の生家を守ってくれる病弱な兄龍太郎のことを思って丁重な手紙を出していることで、兄想いの心情には感動させられるものがある。

一九〇一（明治三十四）年一月十二日帰朝を命じられる（二月二十日仁川出発、三月一日帰国）。三十五才の時である。

韓国在勤を免ぜられ（三月五日）、本省兼任外務書記官、政務局勤務を命ぜられる。

同年四月十七日、本官を免ぜられ外務書記官専任となる。

当時ロシア帝国は、不凍港を求めて南下政策を採用し、露土（ロシア・トルコ）戦争などの勝利によってバルカン半島における大きな地歩を獲得した。ロシアの影響力の増大を警戒するドイツ帝国の宰相・ビスマルクは列強の代表を集めてベルリン会議を主催し、露土戦争の講和条約であるサン・ステファノ条約の破棄とベルリン条約の締結に成功した。これによりロシアはバルカン半島での南下政策を断念し、進出の矛先を極東地域に向けることになった。

そこで、ロシアは清で発生した義和団の乱の混乱収拾のため満洲へ侵攻し、全土を占領下に置いた。ロシアは満洲の植民地化を既定事実化しようとしたが、日英米がこれに抗議し撤兵を約束した。ところがロシアは履行期限を過ぎても撤退を行わず駐留軍の増強を図った。イギリスはボーア戦争（イギリスが南アフリカのオランダ系入植者国家、トランスヴァール共和国、オレンジ自由国を併合するために行った戦争）を終了させるのに戦費を調達したため国力が低下してアジアに大きな国力を注げない状況であり、ロシアの南下が自国の権益と衝突すると危機感を募らせた。

近代国家の建設を急ぐ日本では、ロシアに対する安全保障上の理由から、朝鮮半島を自国の勢力下に置く必要があるとの意見が大勢を占めていた。朝鮮を属国としていた清との日清戦争に勝利し、朝鮮半島への影響力を排除したものの、中国への進出を目論むロシア、フランス、ドイツからの三国干渉によって、下関条約で割譲を受けた遼東半島は清に返還された。世論においてはロシアとの戦争も辞さずという強硬な意見も出たが、当時の日本には列強諸国と戦えるだけの力はなく、政府内では伊藤博文ら戦争回避派が主流を占めた。

ところがロシアは露清密約を結び、日本が手放した遼東半島の南端に位置する旅順・大連を一八九八（明治三十一）年に租借し、旅順に太平洋艦隊の基地を造るなど、満洲への進出を押し進めていった。

この様な事などから、両国の世論も開戦の機運を高めていった。

当時、世界の重要な拠点はイギリス・フランスの植民地になっており、主要港も同様であった。また、ロシア帝国は対ドイツ政策としてフランス共和国と同盟関係（露仏同盟）になっていた。日露開戦となると、当然軍事同盟である露仏同盟が発動し、日本は対露・対仏戦となってしまう危険性を孕んでいた。

この様に日本の勝算は非常に低く、その上資金調達が懸念された。

我が国では、伊藤博文や井上馨らがロシアとの妥協の道を探っていたが、山縣有朋、桂太郎、西郷従道、松方正義、加藤高明らは「対ロシア問題には独力では到底談判できない。好意を持つ強力なる道ずれが欲しい」と判断してイギリスとの同盟論を唱えた。

このために加藤高明の下での山座書記官は日英同盟の可能性について研究し、意見書まで提出したのだった。

イギリスは義和団の乱以来、満洲から撤兵しないロシアを牽制したいと考えていたが、イギリス単独では、イギリスの中国における利権の維持にあたるには限界があった。そこで、それまでの「栄光ある孤立」政策を捨て、まずドイツとの交渉を試みるも、ドイツはロシアと手を結んだため失敗し、その後義和団の乱で活躍した日本に接近した。東亜の、世界の大勢が日英同盟を可能にさせる時代が来た。

加藤高明外相は林董駐英公使から「イギリスが大分、日英同盟に動いてきたがどうする」という電報を受けたので、駐支公使をしていた小村壽太郎に意見を徴した。小村は賛成とその理由を答申してきた。そこで加藤は林に、政府と連絡なく全然一個の責任に於いてイギリス政府の意向を探れと訓電した。これが一九〇一（明治三十四）年四月十六日の事である。

この訓電によって駐英公使・林は猛然と活躍し始めた。一方我が国内では六月、伊藤内閣が財政問題で閣内の不統一を失い辞職、桂太郎内閣となった。外務大臣には北京で公使をしていた小村を指名した。

当時の桂内閣は次官内閣、緞帳内閣などと世間から軽侮を持って迎えられたほどで、小村は友人から「こんな内閣に入るのは馬鹿らしいからよせ」と言って止められたほどであるが、「次官内閣でも、緞帳内閣でも構わぬ。内閣の寿命が三カ月も続けば、俺はその間に是非やっておかねばならぬことがある。それさえ出来れば結構だ」と言って入閣した。

ネズミといわれた短躯だが、東亜の風雲と世界の大勢を鋭眸の内に収め、動乱期の帝国外交に一身を捧げようと誓願していた小村は、我が外交の舞台にどっかりと腰を下ろして、帝国外交の実力発動を目したのである。

そんな折、山座は九月二十一日政務局長心得を命ぜられる。

資料6　小村壽太郎

小村は北京より帰り、九月下旬外相の印綬を帯びた。小村はその前、駐露公使として深くロシアの極東政策を研究し、ロシアとの親交提携を熟慮したが、極東永遠の平和は到底ロシアと一戦した後に非ずんば期し難し、それは日英同盟せねばロシアと闘う事は不可能で、このために大英帝国に永年の伝統たる「栄光ある孤立」の外交政策を捨てさせねばならぬという硬い信念を持っていたから、直ちに日英同盟促進の方策を駐英林公使に命じた。

是非やっておかねばならぬ事とは、日英同盟のことだった。

小村の決意は固かった。まずそのため小村は雄材の本省集中を考慮し、十二月二十日山座を一躍、本省政務局長に抜擢した。年僅か三十五才、仁川から京城までの列車の中で朝鮮論を傾聴した小村外相が山座の材幹を見透したか、はたまた、何れも酒豪だったので気が合って呼んだのか知らぬが、異例の簡抜であった。かくして小村・山座の名コンビが生まれた。日本民族の最大の偉業たりし日露戦争前後の帝国外交を縦横に切り回し、民族興隆の礎石を築いた名コンビが、戦争準備の第一階梯として選んだのは、日英同盟締結への精神集中だった。

小村外相の交渉の結果、一九〇二（明治三十五）年一月三十日、日英同盟（第一次）が締結され（付記参照）、ロンドンのランズダウン侯爵邸において、林董駐英公使と外務大臣ヘンリー・ペティ＝フィッツモーリス（第五代ランズダウン侯爵）により調印された。

二月十一日には世界に公表された。

山座はその後、政務局の部下坂田重次郎の補佐を受けながら、小村壽太郎外相の下で日露交渉、日露戦争開戦外交に関わり、日露戦争宣戦布告文を起草するなど、小村外交の中心的役割を担ったのである。

そして、日英同盟締結から二年後の一九〇四（明治三十七）年には日露戦争（付記参照）が勃発した。

一方、戦争遂行には膨大な物資の輸入が不可欠であり、日本銀行副総裁・高橋是清は日本の勝算を低く見積る当時の国際世論の下で外貨調達に非常に苦心した。

当時、政府の戦費見積りは四億五千万円であった。日清戦争の経験で戦費の三分の一が海外に流失したので、今回は一億五千万円の外貨調達が必要であった。この時点で日銀の保有正貨は五千二百万円であり、約一億円を外貨で調達しなければならなかった。

外国公債の募集には担保として関税収入を当てる事とし、発行額一億円、期間十年据置きで最長四十五年、金利五％以下との条件で、外債発行団主席・高橋是清は桂太郎総理、曾禰荒助蔵相から委任状と命令書を受け取った。

開戦とともに日本の既発の外債は暴落しており、初回に計画された千万ポンド（当時の日本円で約一億円）の外債発行も全く引き受け手が現われない状況であった。これは、当時の世界中の投資家が、日本が敗北して資金が回収できないと判断したためである。特にフランス系の投資家はロシアとの同盟（露仏同盟）の手前もあり当初は非常に冷淡であった。またドイツ系の銀行団も慎重であった。

資料７　高橋是清

高橋は四月にイギリスで、額面百ポンドに対して発行価格を九三・五ポンドまで値下げし、日本の関税収入を抵当とする好条件で、イギリスの銀行家たちと一ヵ月以上交渉の末、ようやくロンドンでの五百万ポンドの外債発行の成算を得た。

また、ロンドンに滞在中に帝政ロシアを敵視するドイツ系のアメリカユダヤ人銀行家ジェイコブ・シフの知遇を得、ニューヨークの金融街として残額五百万ポンドの外債引受け及び追加融資を獲得した。

この引受けについてはロンドン金融街としてもニューヨークの参加は渡りに舟の観があった。第一回は一九〇四年五月二日に仮調印にこぎつけた。なお、イギリスのデーヴィッド・キャメロン首相の高祖父は、当時の香港上海銀行ロンドン支店長であり、高橋が戦費調達のため、イギリスを訪れた際には、この支店長から助力を得たというエピソードがある。

結果、当初の調達金利を上回る六％での調達（割引発行なので実質金利は七年償還で約七％）となったが、応募状況はロンドンが大盛況で募集額の約二十六倍、ニューヨークで三倍となり大成功の発行となった。

一九〇四（明治三十七）年五月に鴨緑江の渡河作戦でロシアを圧倒して日本が勝利すると国際市場で日本外債は安定し、第二回の同年十一月の六・〇％（償還七年で実質約七・四％）を底として、翌年三月の第三回では四・五％での借り換え調達（三億円、割引発行なので償還二十年で実質五・〇％、担保は煙草専売益）に成功した。第三回からはドイツ系の銀行団も参加し募集は大盛況、第五回からはフランス系の銀行団も参加したが（英・仏ロスチャイルドもこの回で共に参加）、この時には既に日露戦争は終結していた。

結局日本は一九〇四（明治三十七）年から一九〇六（明治三十九）年にかけ合計六次の外債発行により、

借り換え調達を含め総額一億三千万ポンド（約十三億円弱）の外貨公債を発行した。このうち最初の四回、八千二百万ポンドの起債が実質的な戦費調達資金であり、あとの二回は好条件への切り替え発行であった。しかし、切り替えのために鉄道国有法を制定する必要があった。

なお、日露戦争開戦前年の一九〇三（明治三十六）年の一般会計歳入は二・六億円であり、いかに巨額の資金調達であったかが分かる。この公債は、第一次世界大戦の後まで残ることとなった。

国の一般・特別会計によると日露戦争の戦費総額は十八億二千六百二十九万円とされる。

日英同盟は、露仏同盟にとって強力な抑止力となり、フランスは対日戦に踏み込むことが出来なくなったばかりか、軍事・非軍事を問わず対露協力が出来なくなった。即ち、イギリスからの軍事的援助・軍事資金調達の後ろ盾・諜報活動やロシア海軍へのサボタージュ等の対露妨害の強化といった側面を持つことになり、日本を大いに助けた結果となったのである。

二　山縣・桂の応酬秘話

日英同盟が日露戦争にどんなに役に立ったか。我が国が外交交渉する上で有利だったことは熟知のことだが、締結の枢機に参与した山座政務局長が末次政治郎（福岡市出身。静波と号し、山座に付いて北京に行き、そのまま留まる）に後述したものが残っているので見てみよう。

小村外相の積極的命令によってロンドン駐箚・林董公使は、イギリス外相・ランスダン卿との間に着々と下相談を進めたが、我が日本の内部にはイギリスと結ぶよりも極東に実勢力を持つロシアと同盟を結んで国基を堅めるべしという意見が、有力な政治家の一部に抱懐されていた。伊藤博文公はその筆頭で、井上馨侯もその一人だった。そこで伊藤は、丁度アメリカのハーバード大学から名誉教授の称号を贈りたいから贈呈式に列席されたいと申し込んで来たので、そのついでにロシアを訪問し、かねがねの日露協商の宿志に付いてロシアの意向を打診しようと計画を立てた。

伊藤の出発が近づいたので、首相・桂は三田の自邸に送別宴を開き、山縣有朋、井上馨の二元老も一緒に招待した。

伊藤は頗る意気軒昂、桂を顧みて、

「若しロシアが我が方の希望を容認する時は政府の決心はどうだ。我輩は曾てこんな愉快な旅行をする事はない。何等の官命を帯びず、身に毫末の煩累なく、欧米の政治家と膝を交えて縦横放論するとは、天下にこれほど快事はない」

これを聞いた山縣は端然と襟を正して、

「我が国は今やイギリスに対し極東全局の利害に鑑み清韓両国の保全を主眼として同盟を勧めんと交渉している。今若し韓国のみに付いてロシアと協商せんとし、ロシアが容諾したなら我が方は拒むに及ばぬが、こんな重大案件を独断擅行して貰っては困る。ロシアの意向は一々政府に報告され、決済の上で行動されたし」

と、一本釘を打てば、伊藤公沸然として、

「我輩は何も好んで自ら外遊をするのではない。小癪らしい注文があるなら止めてもよい」

と、一座急に白けてしまった。

そこでおもむろに桂が口を開いて、

「拙者もともと短才浅識、宰相の器でなく先輩諸侯の扶養によって幸い過失なきを願っている。されど誤って既に輔弼の大任をかたじけのうしている以上は、大小の国務には自ら預かり聞かずして妄りに体裁を乞うが如きは君国に忠たる所以ではないと信ずる。まして国家将来の安危休戚に拘わる重要外交案件に於いておや、諸侯何卒ここに留意されたい」

と、恭言にして意は硬、山縣、井上共に尤もなりとし、伊藤も敢えて弁じない。

明治の三元老の緊張した瞬間であった。

伊藤のアメリカ行きはイギリスも非常に注目していたことで、その真の目的が訪露にありという事を推知して、その神経を刺激し我が国の真意を疑う情もあるので、小村は臥床中の事とて代理として山座政務局長をして東京駐在マクドナルド公使に、

「同盟問題の遅延は一に外相の病臥と首相以下閣僚の多数が陸軍の秋季特別演習に参列して在京しないのに依る次第で、伊藤公のロシア滞在とは何ら関係なきこと、伊藤のロシア行は私的且つ非公式的性質のもので、政府を代表して会商する何等の権限も帯有しない。政府は大体に於いてイギリスの提案に異議はないが、同盟は我が国として外交の新発程で、国家の重大事に属するものであるから、その考慮に多少の日子を要するは已むを得ない」

と説明、納得させた。

資料８　伊藤博文

山座の遺話は、その後の経過を次のように述べている。

直ちに東京政府はロンドンの林公使に左の訓電を発した。

「貴官は直ちにフランスに向かい、伊藤公に会見して交渉に関する委曲を示し協議せらるべし」

その結果伊藤公から、

「大体の主義に於いて同意である。但し詳細は追ってベルリンから電報する」と返事があった。

ところがベルリンには井上侯の婿井上勝之助氏が公使として駐在していた。井上侯は日英同盟反対の一人で、果せるかなベルリンから来た伊藤公の電報は日英同盟条約の各項の非を指摘して、結局同案全体に不賛成を表明してきた。

これには小村外相はいうまでもなく、首相・桂公もハタと行き詰まってしまった。ここに於いて首相、外相は篤《とく》と相談の結果、今は勅裁を仰ぐほか途なしと決定し、両案を携えて御前に伺候し、関係文書を捧呈したのであった。

陛下は両相の奏上するところを聞し召され、伊藤公の両電を御通読あそばされ後、申されるのには、

「伊藤のパリ電報は大体には賛成であると言うのに対し、ベルリンからの電報は結局反対ということになって居る。この両電は全く矛盾している。さればこの上欧州と日本との間に電報往復したとて結局不得要領に終るであろう。これからは無益の労を取る必要は少しもない。卿等は当の責任者である。須らく卿等の信ずるところに向かって進行するを可とすべきである」

聖断炳《へい》として日月の如く確かであった。桂公も小村外相も抃《べん》舞措くところを知らず、直ちに調印の歩武を

進めたのであった。

陛下が平素伊藤公に持たれていた絶対の御信任にも拘らず、一度伊藤公が迷ったと御覧なされば、断固として向かうところは当局に御指示あそばされるのに些かの躊躇も無かった。恐れ多い事実ではあるまいか。

このように日英同盟締結までの間に伊藤博文が日露協商交渉を実施していたが失敗したのである。

一九〇三（明治三十六）年四月二十一日に、京都にあった山縣の別荘・無鄰菴で伊藤・山縣・桂・小村による「無鄰庵会議」が行われた。

桂は、「満洲問題に対しては、我に於いて露国の優越権を認め、これを機として朝鮮問題を根本的に解決すること」、「此の目的を貫徹せんと欲せば、戦争をも辞せざる覚悟無かる可からず」という対露交渉方針について、伊藤と山縣の同意を得た。

桂はのちにこの会談で日露開戦の覚悟が定まったと書いているが、実際の記録ではむしろ伊藤の慎重論が優勢であったようで、後の日露交渉に反映されることになる。

三　**元勲伊藤・巨人頭山、神韻禅機の応酬**——日露開戦の大問答——

我が国民のロシア観は浅薄幼稚なもので、維新前に我が北辺を脅かした凶暴なる歴史を思い起こして、ロシアといえば恐ろしい国、大きな国、強き国という漫然たる観念を持っていた。然し軍部はロシアを監視していた。これに協力せんと手を差し伸ばしたのが民間志士である。

対露報復の壮途を懐いてウラジオストク方面からシベリアを横断しロシアに入った内田良平（のちの黒竜会長）が一八九八（明治三十一）年帰朝し、「東亜永遠の平和を確保する為にはロシアと戦わざるべからず。日露戦えば勝利は日本のものなり」と叱咤しだし、一九〇一（明治三十四）年二月三日、東京神田錦輝館に黒竜会の発会式を挙げた。

その内田が一九〇三（明治三十六）年秋、平岡浩太郎の紹介で時の参謀次長・児玉源太郎と会見して、軍部はシベリア鉄道が単線な為に輸送能力をば過小に見積もっているが、もっと多いから開戦と同時に鉄道破壊を行い、且つバイカル湖にある船舶を破壊するので我々同志に火薬と資金を支給して呉れと大胆極まる提言をした。それくらい民間志士は言論に行動に真剣であった。

その頃、支那旅行家として知られていた小越平陸が、ロシアが哈爾賓に欧州式の都市計画に依って着々施設していることを実見し、北京公使館書記官・本多熊太郎（のちの駐独大使）に報告した。それは捨て置けぬとばかり公使館武官・守田利遠大尉に実査を命じたところが、はたせるかな事実で、ロシアは哈爾賓を欧州式都市として、満洲一帯を占領し、東部シベリアと共に総括統治の中心にしようとする野心を抱いていることを看破し、ロシアの満洲鉄道経営図をも添えて参謀本部に提出した。

そうするうちに義和団事変をよいきっかけに、ロシアが一時にドッと大兵を進め、全満洲を占領せんとする野望を如実に見せてきたから、幹事長・佐藤正少将（日清戦争で鬼大佐と謳われる）が率いる東亜同文会では中西正樹、国友重章、小川平吉（元鉄相）、大内暢三（前代議士、東亜同文書院長）、田鍋安之助をはじめ一同俄然対露強硬論になった。

そこへ佐々友房（熊本国憲党領袖）が支那旅行から帰朝し、ロシアの満洲侵略を防ぐには戦争以外に手はないとて、近衛篤麿公（貴族院議長、学習院長で近衛文麿首相の父）を説いたので、それ以来民間同志は屡々近衛公邸に会合し、対露策を協議しだした。

そこへ突如としてロシアが重大なる協議を日本に持ちかけてきた。ロシア公使・ローゼンが伊藤博文に、「大同江を境界としてその以南を日本の、その以北をロシアの出兵区域と定めよう。即ち朝鮮を日露両国で分割し、満洲を己が手中に収めん」と言うが、それは日本とって危険この上のない提議だった。

これが政府部内の反対者から民間志士に洩れると、伊藤の意を受けた政界一部の者は公然と満韓交換論を唱え、これによって東亜の安定を図るべしと主張した。これに対し近衛公はじめ鳥尾小弥太、頭山満、根津一などは猛然と反対し、手分けして政府要路を訪問し断固としてロシアの提議を拒絶せよと進言した。かくて朝鮮分割論は潰れた。

斯かる形勢では挙国一致、対露政策の実行に努めねば日本の存立危うしというので、在野政界の代表人物、民間志士が参加し、国民同志会が結成された。（明治三十三年九月二十四日）

委員長格の神鞭知常、佐々友房、平岡浩太郎、工藤行幹、大竹貫一が中心となって活躍し、頭山満（付記参照）は隠然として重きをなし、国友重章、恒屋盛服は実際方面、根津一は精神的方面を担当した。

全国遊説の火蓋は切られた。特に九州に於いて、佐々友房が熊本に、平岡浩太郎は福岡に、河野主一郎は鹿児島に、武富時敏は佐賀に帰って大会の準備を進め、その人物が当代一流であるだけに人気は宛ら沸く如く、大会は郡部からわざわざ草履ばきで来会する者多く、会衆は熱狂して弁士を胴上げする始末で、驕露膺懲の声は全九州の津々浦々に響き渡り、剛健なる九州人士は一斉に対露主戦論に共鳴した。政府内に於ける

資料９　頭山満

弱腰連にカンフル注射を施しながら、国民に「ロシア撃つべし」の世論を巻き起こし、全国に膨湃として臥薪嘗胆の空気を作って対露主戦へ引っ張り込む思想動員先駆の使命を果たした。

国民同志会解散後、列国の抗議によってロシアは満洲から三期に分けて撤退することになるも、一九〇二（明治三十五）年十月の第一期だけは撤退したが、第二期たる翌年四月には撤退せぬばかりか露清密約を締結して満洲に於ける野望を愈々明白にしてきたので、我が国の危機は目睫に迫った。

ここにおいて再び志士連の活動となり、ロシアの第二期撤兵期日たる一九〇三（明治三十六）年四月八日、上野公園に対外硬同志大会を開いた。富井政章、戸水寛人、小野塚喜平次、中村進午、寺尾亨、高橋作衛、金井延の七博士も奮起して堂々日露開戦論を主張し、当局を鞭撻した。

七月、頭山、神鞭、佐々、小川、大竹、河野広中が発起者となり、対露同志会を組織した。

当時、廟堂の大官は在野志士から見れば桂首相以下恐露病者で、枢府議長・伊藤博文は非戦論の最大巨頭と睨まれていた。そこで玄洋社は伊藤の言動に最も注意し、浦上正孝の如きは挺身伊藤公にある種の行動に出ずべく決心したのを頭山に慰撫されて事なきを得たほどで、兎に角内閣を打倒し、近衛篤麿公が参謀次長・児玉源太郎を首班とするロシア膺懲内閣を作り頭山、小村、神鞭らを閣員として対露開戦を決行させんとさえ計画されたという。対露同志会の幹部は、大官に膝詰談判を試み日露開戦を激励して歩いた。

ある日、頭山満、河野広中、神鞭知常が伊藤を訪問した時、丁度伊藤が前外相・青木周蔵を玄関に送り出すところであった。青木は連中の顔ぶれを見て、来た理由を知ったので、頭山とすれ違う際低い声で、

「やァー来たね。まさか殴りはしないだろうね」

すると頭山はわざと大きな声で、

「殴るかも知れんさ」

と言ったので青木は面食らい、伊藤も不機嫌な顔をした。


座に付くと平素無口な頭山が真っ先に口を切り、伊藤に向かい、

「伊藤さん、あんたは今日日本では誰が一番偉いと思いますか」と、意外極まる一問を放った。

明治の元勲として吾も許し、人も許す伊藤もこの質問には度肝を抜かれて答える事が出来ず、暫らく躊躇逡巡していると、頭山は粛然として、

「おそれながら、それは、天皇陛下でしょう」と言った。

荘重なるその一語に一座襟を正すうちに、更に、

「次に人臣中で誰が一番偉いと思いますか」

と二の矢を放ち、伊藤が黙して頭山の顔を見守っていると、

「それはあんたでしょう」とうなるが如く言い切り、

「そのあなたが」と更に厳然として辞色激しく、

「この際しっかりして下さらんと困りますぞ」と圧し付ける如く言い放った。

ここに於いて伊藤も初めて胸襟を披いて頭山らの意見を迎えて、遂に、

「その僕ならば御心配下さるな。諸君の御意志あるところは確かに伊藤が引き受けました」と断言した。

頭山はそれを聞くと、

「それだけ受け賜らばもうよろしい。サアー皆さん帰ろう」と河野らを促して悠々と辞し去った。

片や幕末の白刃を潜った元勲、片や民間の巨人、応酬禅機に富み、去来神韻縹緲、この問答で帝国の対露開戦の肚は決定していたことが判る。その後如何なる名優が再びこの歴史的場面を演じたであろうか。

四　伊藤を叩き殺せ、信念に元勲なし

山座は、先輩である栗野慎一郎（同郷。外務省政務局の初代局長）の知遇も得て、一九〇一（明治三十四）年弱冠三十五才にして政務局長に抜擢されたのであるが、その頃、そのあまりの有能さ故に「山座の前に山座なく、山座の後に山座なし」と言われたほどであった。

その当時、枢密院議長であった伊藤博文は山座の起草した全ての外交文書に目を通していたが、山座の書く文書は完璧なもので全く修正の必要は無かったものの、伊藤のプライド故に必ず一箇所は修正を入れて返してきたため、却って改悪になることが度々あった。そこで一計を案じた山座は、伊藤に提出する外交文書には伊藤であれば必ず修正するであろう部分を一箇所だけ故意に作っておき、伊藤がそこに修正を入れることによって初めて完璧なものが出来上がるようにしていたという。

民間における対露主戦論が高潮されている時、陸海外務省方面に於いてもこれらに劣らぬ強硬な主戦論を懐き、頻りに開戦の時機を促進させようと躍起になっている一団の少壮連がいた。その頃、陸海軍の主戦論者は、密かに往来してロシアを撃つ戦術について考究していたが、海軍側から見ると陸軍側が時局に対して

一向に動いていないように思われた。これはいかんというので軍令部の上泉徳弥副官（のちの国風会長、中将）が当時の山縣有朋参謀総長の副官だった堀内文次郎少佐（のちの中将）と相談して、芝の紅葉館に陸海連合大懇親会を開いた。（明治三十六年五月二十五日『西川虎次郎日誌』より）

出席者は、海軍は伊東祐亨大将、軍令部次長・出羽重遠少将を始め十六、七名、陸軍は大山巌大将以下多数、それに参謀本部から十人位という当時としては稀有の大ぶれで痛飲しつつ盛んに気焔を挙げた。表面は連絡懇談だが自然酔うにつれ話が落ちていき、談論風発した偉観は想像される。こんなことで打つ所にキチンと手を打って、同二十九日は外務、陸軍、海軍の強硬なる日露主戦論者のみが芝の旗亭湖月に会合した。

外務は山座圓次郎政務局長をはじめとし、落合謙太郎、坂田重次郎、本多熊太郎の四人、海軍は軍令部第一部長・富岡定恭少将（のちの中将）、山下源太郎大佐（のちの大将）、浅間艦長・八代六郎大佐（のちの大将）、海軍大学教官・秋山真之少佐（のちの中将）、軍令部副官兼参謀・上原徳弥中佐、軍令部参謀・松井謙吉（のちの少佐）、陸軍からは参謀本部総務部長・井口省吾少将（のちの大将）、同第一部長・松川敏胤大佐（のちの大将）、田中義一少佐（のちの大将）、木下宇三郎少佐、福田雅太郎少佐（のちの大将）、西川虎次郎少佐（のちの中将）という三省の逸材が目的を同じくして寄ったのだからたまらない。食事抜き、もちろん芸者は一人も座敷に入れず、陸軍は陸軍から、海軍は海軍からというように、各主任の立場から対露即戦論を唱えて悲憤慷慨舌頭火を発するの態、特に当時参謀本部第二部長・福島安正少将は病気で吸入をかけながら軍務を執る有様だったから、当夜の会合には出席できないために、海軍の上泉中佐に自分の意見を託して開戦論を激励してきたのを披露して、席上さらに熱狂するのであった。

即ち福島少将は言う。

「今更どうもこうもないじゃないか、負けてもロシアと戦わねばならぬ。海軍が六六艦隊を建造したのも、陸軍が六個師団にしたのも、皆ロシアに当たらんが為である。今若し戦わねばこの軍備は何の為に整えたか意味を成さぬ。日本が負ければロシアに台湾を奪われるかもしれず、膨大な賠償金を要求されるかもしれぬ。併し最悪の場合を予想してもその程度のもので北海道まで手を付けるとは言わぬであろう。何れにせよ日本が負けたところで日本は滅びない。併し今戦わねばあの凄まじい勢いで東洋に入って来ているロシアが満洲で力を充実し、朝鮮に進出してくるのは明らかだ。そうなっては仮に協定など結んでいたとて反古同然となり、日本勢力が大陸から駆逐されるのは勿論、壱岐、対馬或は九州にまで手を付けようとするであろう。結局日本は第二のインド、ビルマとなるべき運命に逢着する。これを思えば今進んで戦うより外に道はない。万一戦に負ける如き最悪の場合に陥っても、日本国民が発憤すれば百年を待たずして必ず復讐することが出来る。断じて妥協すべきではない」

参謀本部第二部長がかかる悲壮な決意を持っていたのだから、これから推して如何にロシアと干戈を交える事が乾坤一擲の戦であったかを知ると共に、当時の責任者の覚悟の程を察知せねばならない。

かくて深夜まで談じ、今後の連絡を一層硬め対露開戦への驀進を約して散会したが、政府も湖月会の動向には深甚の注意を払うと共に、この湖月会が民間志士に政府の動きをそれとなく知らせて、民間と三省若手の連絡をとった。

席上、西川虎次郎少佐が山座に、「日露戦わばどこまで行けば片づくと思うか」と尋ねると「哈爾賓まで進めばロシアはペシャンコだろう」と答えたので、軍事の専門家でない山座の見透しが的確なのに皆驚いた。

外務の山座と海軍の上泉とは共に部内の酒豪と知られ、倜儻磊落《てきとうらいらく》の性格もまた似ていたから、二人は心から相許し、眼と鼻の間にある外務省と海軍省との間を往来して対露問題に関する情報を交換したり、意見を戦わしたりして極めて緊密な関係を保ち、同志の活動に資していた。

当時、酒豪の山座は政務局長室の机の中にビール瓶を沢山入れておいて、誰か訪問者があると「ヨシヨシ、これが有るゾ」といかにもうれしそうに瓶を差し上げて飲みながら話す。小使が溜まると外務省玄関脇の木に何時もシャアーシャアーとするので、小使が「局長さん、木が枯れますが」とその都度注意する。「ウン、ウン」と頷いて構わずやりだす始末で、訪問した者がよくあれで外務省のようなハイカラな所で役人が務まるものだと語り合ったという。上泉が山座の机上の機密書類を勝手にひっくり返していても、山座は「オイ、書類は余りひっくり返しちゃいかん」と言いながらそのままビールを傾ける有様だった。

その頃、寺尾亨はじめ七博士（戸水寛人、富井政章、小野塚喜平次、高橋作衛、金井延、寺尾亨、中村進午）と上泉が一緒に飲んだことがある。博士たちの学究的な強硬な対露開戦論を聞いていた上泉が「学者の議論は迂遠で駄目だ。僕を艦長にすれば砲火一発、直ちに戦端を開いてみせる。議論の時代は過ぎた。鉄と血があるだけだ」と喝破したら、寺尾博士が国際法の見地から直接行動論を反駁したので「まだ学説やなんか彼是言うか」と言うや否や牛鍋を博士にひっかけた。狭い部屋の事、ランプが落ちて真っ暗になった中で元気者の博士と上泉がバタンバタン組み合っているが、居合わせた博士連が、ランプがひっくり返ったのを元老がひっくり返る事に例えて、必ず開戦になると、喧嘩を止めたという逸話がある。

外相・小村は当時、山座と本多熊太郎を最も信任し、対露問題については次官・珍田捨巳や通商局長・石井菊次郎を相手とせず、一に山座を頼みにしていたから、対露交渉に関する閣議の模様は一々山座に話して聞かせていた。

ある時、山座が小村から聞いた閣議の模様を上泉に語って、

「山本権兵衛海相が弱腰だ。権兵衛は駄目だぞ」と言った。

「ヨシ、それでは大臣を鼓舞しよう」

と、上泉は山本海相を鞭撻する役目を引き受け、訪問して、即時開戦論を力説すると、山本は、

「貴様のいう通りだが、戦争には二十億円の金が要る。金はどうして作るか」

と逆襲する。

「そんなことは私たちの知った事ではありません。戦費の事は貴方達が工面するのが当然で、兎に角一日でも早く戦争をやって下さい」

「もういい解った、帰れ」

それからは幾度訪問しても戦費の問題で追い返される始末だった。

一方、即時開戦論の山座も気が気じゃなく、旧藩主・黒田家に何事かで招かれた際、伊藤の軟弱を憤慨し、酔った紛れに「伊藤公を叩き殺さにゃいかん」と言った。

同座に居合わせた金子堅太郎伯が驚いて、

「山座、貴様は伊藤さんを暗殺しなければ戦争が出来ないというが、直接伊藤さんに会って伊藤さんが果して弱いという事を聴いたのか。伊藤さんの態度は決して貴様の言うようなものではない。貴様は新聞記者からでも聴いたのだろう」

「いや、陸海軍の人や外務省の人もそう言っている」

「伊藤さんは貴様たちのような小役人に胸中を打ち明けるものか。陸海軍の人達でも、その中心となるべき参謀総長か軍令部長には打ち明けるかも知らぬが、佐官や少将位のものに、国家の安危に関する重大な意見を吐かれる筈がない。幸い今日は筑前人の会合であるからよいが、政務局長がこう言うたからとて、万一不心得者が現われて、伊藤公を暗殺でもしたら、今日の難局をどうする」

金子はどうしても心配になるので、伊藤公を訪ね、実は同県人で外務省にいる山座がかくかく言うて居りました。小村外相を呼んで口止めさせておかねばなりますまいと進言した。

伊藤公も暗殺の風説を薄々聞いておられたろうが、まさか責任ある官吏までがこんな無遠慮な事を口走るとは思われなかったに相違ない。公は金子伯の忠言を聞いて意外の想をなし、早速小村外相に山座局長を連れて来るように申し込まれた。

小村外相は、「政務局長を連れて来てくれ」という伊藤公の伝言に接し、時節柄、何か外交上の急用でも出来たものと思って、直ぐに二人打ち揃って、霊南坂の枢相官邸に出かけた。

小村外相と山座局長が応接間で暫く待っていると伊藤公が瀟洒たる和服姿で悠々と出て来られた。

小村、山座両人は緊急な国事の相談としては、公の態度が余り鷹揚過ぎると思った。

よく見ると右手に刀を握っておられる。気のせいか、何時もの温容に似ず、公の満面に殺気が浮かんでいる様に見える。

やがて、伊藤公はその刀を山座の前に突きつけた。

「これ、山座、君は吾輩を暗殺する決議をしたそうだナ。そんな勇気があるなら、これで吾輩を斬れ」

恐ろしい剣幕で、出し抜けにこう言われたので、両人は唖然として暫し言葉が出なかった。

山座は元来豪放な男で、時々随分思い切った大言壮語を放つことがあったが将に本気で暗殺を遣ろうとか、やらせようとなどとは考えていなかったに相違ない。

「それは酒興の上のつまらぬ冗談で、閣下の御気に懸けられるほどの事ではありませぬ」

山座は軽く受け流そうとした。

伊藤公の赫怒は、そんなことでは容易に解けそうも無かった。

「吾輩を斬れんのか。ヨシ、それなら貴公、腹を切れ。苟も帝国の官吏たるものが、斯くの如き軽佻な言語を弄して済むと思うか」

公の舌鋒はその眼光と共に、益々鋭さを加えてきた。

ここで小村外相は、山座が何か言おうとするのを抑えて、

「閣下の御言葉は一々御尤もであります。仰せの通り山座の放言は、官吏にありまじき失態です。必ず今後慎むよう、私からも充分訓戒を加えますれば、今度限り御赦しを願います」

と叱正した。

流石豪傑肌の山座の顔色が蒼白に変じたのを一瞥した伊藤公は、遽かにその態度を一変し呵々大笑いしながら、

「山座、そんなに驚くな。吾輩は君らの放言などを歯牙に懸けるほど狭量じゃない。余り世論が騒がしいから、一言君らに注意しておこうと思っただけだ。まァ、一杯やれ」

と言いつつ、手ずから葡萄酒を注いで、二人に勧め、

「実を言えば、最後の覚悟に於いて吾輩は君らに一歩も譲らぬつもりである。然し世界の諒解を得るには、名分が最も必要じゃ。我が国としては飽くまで忍耐に忍耐を重ね、天下万国が露国の侵略的横暴を等しく看

取するに及んで、はじめて蹶然として起ち、始終平和に眷々として戦を好まざる日本帝国が、万止むを得ずして自衛の手段に訴えるべく余儀なくされたことにならなくてはいかん。

そうなれば、同盟国たる英国は我が国の立場を正しとして、声援を吝まぬであろう。又、米、独、仏諸国に於いても少なくとも厳正中立を守る事に違いない。その辺の事は、外相たる小村君の良く諒解して居る筈であろう」

と初めて意中を打ち明けた。

小村外相は、簡単に公の所説に徹頭徹尾同感である旨を答え、山座局長もホッと胸を撫でおろし、やがて暇を告げて帰った。

伊藤邸から自宅に戻って来た山座は、いつもと違って酒食なく蒼白な顔をして、夫人に言葉少なくその模様を話して、「さすがエライものだ」とため息を漏らし、懐中に秘めていた短剣を夫人に手渡したという。山座は、武士の魂としての短剣を離さず持っていたそうで、これは短剣を用いるためではなく、自分の覚悟のため、自分の心を引き締めるため所持していたそうである。

外務省の役人でありながら酔った紛れとはいえ「伊藤を叩き殺せ」と言う事は乱暴であるが、日本民族発展のためには是が非でもロシアを膺懲せねばならぬという不退転の信念に燃えていた彼の前には、明治の元老も枢府議長も眼中になかったのだ。

信念の為には民間志士にも外交の秘密を洩らし陸海軍の青年将校とも湖月会に寄って気脈を通じ、横断的結合を堅くした。気を負っていたからこそ、外務省でビールを傾けながら東亜の風雲を論じ、朝早くから深夜まで頑張り続け健康が徐々に害してきたのも顧みず、ただ一念ロシア膺懲の化身となっていた。

しかしその後も、山座は伊藤の対外政策にことごとく異を唱え、（日露）戦後の韓国併合についても伊藤の穏健政策とは違って強硬策を支持した。

伊藤の哈爾賓出張については「俺は随従でないから暗殺される心配はない」と周囲に漏らしていた。伊藤博文と同行したのは奇しくも山座に外交官の道を拓いてくれた室田義文貴族院議員である。

山座の放言どおり、伊藤は一九〇九（明治四十二）年十月、ロシア蔵相ウラジーミル・ココツェフと満洲・朝鮮問題について非公式に話し合うため訪れた哈爾賓駅頭で、大韓帝国の民族運動家・安重根によって狙撃され死亡している。

一説では、山座は外交的に伊藤とココツェフとの会談のセッティングを行ったのではないかとされ、そのため伊藤博文の暗殺に何らかの形で関わっているのではないかと見られている。同郷ということで、陸軍の明石元二郎、玄洋社の杉山茂丸とは親しい仲であり、彼らが韓国併合を推し進めるのを積極的に支持したが、この時も慎重論の伊藤博文を「目の上の瘤」と見ていたという。伊藤博文の暗殺には、玄洋社の影がつきまとうが、山座や明石も同郷ということで杉山の玄洋社に協力したのではないかと見られている。

資料１０　政務局長時代の山座圓次郎
（出典：『山座円次郎伝』）

五　広田弘毅らの満鮮派遣—帝大初年生の広田・平田、密命を帯び満鮮夏休み旅行—

山座は政務局長になろうと、公使になろうと稚気を失わず永遠の青年であった。だから彼は青年の持つ純粋さ、情熱をこよなく愛した。特に山座夫婦に子供が無かった故か、また彼は、自分が貧窮なため寺尾博士に世話されて勉学する機会を与えて貰ったので、郷党の書生で学費に苦しむ者などには何かと世話してやった。

黒田家が補助していた筑前寄宿舎がつぶれたので、貧乏書生の広田弘毅、平田知夫などが一八九九（明治三十二）年十一月、小石川区竹早町に浩々居という額を掲げて同志のものを集めて自炊寮を創立した。山座は忙しい政務局長だったがここにはよく出入りして、大勢の血気に逸る学生に取り囲まれ牛肉をつついたり、天下の形勢を論じたりしたものである。

山座はそこで広田弘毅、平田知夫の二人に特に目をつけて、在学中にも拘わらず外務省依託の辞令をやって学資の足しに俸給を遣っていた。

どこの世界に勅任官の政務局長が貧乏書生を斯く導いてやるものが居るだろうか。恐らく、その昔、自分が夜学で教鞭を取り、翻訳して学費を稼いだ苦労を体験しておればこそ生まれた真情であろう。

対露主戦のために磊落不羈の活躍を続ける山座は、その一面、緻密細心な準備を忘れなかった。

広田弘毅は次のように書いている。

「山座氏が先ず私たちに教えたことは支那とロシアの研究であった。氏は言った。『我が外交の中心は、ど

資料１１　広田弘毅（左）・平田知夫（右）
（出典：『山座円次郎伝』）

うしても支那とロシアである、外交官たらんものは先ず支那とロシアの事情を究めなければならぬ』と。果たして三国干渉にその鋒鋩を顕わしたロシアの東方政策は漸く傍若無人となり、全日本の神経は針の如く尖り、全国の与論は沸騰した。

確か一九〇三（明治三十六）年の夏、私たちが帝大の初年生の頃だった。或る晩、官邸に見る山座氏は何時になく緊張した面持ちで、若干の旅費と共に三十通の紹介状を添え、日露の風雲急なるを説いて満鮮事情視察の密命を私と平田に授けた。勿論私たちは勇躍した。直ちに平田と敦賀からウラジオストクへ、そして満洲へ重大使命に踊る心を押さえつつ急いだ。その頃安東県には軍事探偵として、哈爾賓の露と消えた横河省三氏が居た。芝罘では水野幸吉氏（のちに山座氏と共に北京で死す）が領事をしていた。私たちはこれらの人々から露軍の情勢を聞き、私自身探究した材料と共に詳細に山座氏に報告した。

当時ロシアの東方侵略は既に南北満洲を席巻して鴨緑江を越え、朝鮮側の竜巌浦には既に露人経営の採木公司があった。私は学生旅行者としてこの公司に二夜の宿を借り密かに探索の眼を光らせたものであるが、流石ロシアである。夜半夢醒めてふと戸外に出るとそこには七月の青白い月光を浴びて徹宵警戒するロシアの軍事探偵二人！　目標は無論私である。その警戒の厳重さは到底学生の夏季休暇利用の視察旅行と枕を高くするどころではない。思わず心身の引き締まるのを覚えた事である。

これに似た例はまだある。ロシアの満洲出征軍中には多数のポーランド人がいた。当時ポーランドはロシアの勢力下にあり、彼らはそのため強制的に前線に送られたものである。自然彼らは全くロシアに対し好意を持たず、日本兵と戦うどころでなく、むしろ進んで日本軍に投降する状態で、四国松山の我が捕虜収容所にはこれらのポーランド人が続々として後送された。その当時、後年ポーランドが独立して大統領となったマーシャル・ツピルスキーやゾモスキー氏、フィポヴィッチ氏やゼームス・ダグラス氏も日本に来て、ロシアとの戦争継続方を希望申し出た。

私は山座局長の依頼でダグラス氏の通訳をしていた。ある日、私は山座局長の命によりダグラス氏と松山に急行した。そしてポーランド人の捕虜の中で英語の解るものを掴まえて色々とロシアの内情を聞き資した。元来彼らはロシアに根強い反感を抱く連中だから、問いに応じ、何もかも知っている限りスラスラと話した。食糧、武器の配給貯蔵状態、奉天の防備はどうだ、果ては兵士についてまで残らず話してくれた。私はそのまま山座局長に報告し、局長は又これを福島安正少将に報告された。

学生が暑中休暇の視察旅行なら敵の眼をくらますに格好だからとの理由で、客帰の二青年を戦前の満鮮に派遣したり、ポーランド人の対露反感に着目し学生を使ってロシアの内情を探らせたりする周到なる奇策、到底凡庸の窺い得るところではない」


これらは、山座が同郷の後輩を見込んでやった事であるが、同じ郷土出身といっても、玄洋社精神に結ばれていなければ出来るものではなかったことであろう。

広田、平田二青年は帝大生の身分でありながら郷土の先輩山座に生きた学問を授けられつつ、お国の為に役立ちながら、外務省嘱託として俸給を受け、その日その日の学費にこと欠くことはなかった。

のちに外務省に入省した広田（のちの首相）は、吉田茂（のちの首相）、大田為吉（のちのモスクワ駐箚大使）と共に「山座門下の三羽烏」と称された。

六　日露戦争開戦

一九〇三（明治三十六）年八月からの日露交渉において、日本側は朝鮮半島を日本、満洲をロシアの支配下に置くという妥協案、いわゆる満韓交換論をロシア側へ提案した。しかし、積極的な主戦論を主張していたロシア海軍や関東州総督のエヴゲーニイ・アレクセーエフらは、朝鮮半島でも増えつつあったロシアの利権を妨害される恐れのある妥協案に興味を示さなかった。

さらにニコライ二世やアレクセイ・クロパトキン陸軍大臣も主戦論に同調した。当然、強大なロシアが日本との戦争を恐れる理由は何もなかった。ロシアの重臣の中でもセルゲイ・ヴィッテ財務大臣は、戦争によって負けることはないにせよ、ロシアが疲弊することを恐れ戦争回避論を展開したが、この当時何の実権もなかった大臣会議議長（後の十月詔書で首相相当になるポスト）に左遷された。

ロシアは日本側への返答として、朝鮮半島の北緯三九度以北を中立地帯とし、軍事目的での利用を禁ずるという提案を行った。

日本側では、この提案では日本海に突き出た朝鮮半島が事実上ロシアの支配下となり、日本の独立も危機的な状況に成りかねないと判断した。またシベリア鉄道が全線開通するとヨーロッパに配備されているロシア軍の極東方面への派遣が容易となるので、その前の対露開戦へと国論が傾いた。

元老も日露主戦の本腰を据えてきた。ヨーロッパ最大のユダヤ系銀行家・ロスチャイルドとロンドン駐在荒川巳次総領事の間に戦費貸借の約束も成立した。イタリアから購入した軍艦「日進」、「春日」もシンガポールに無事着いたとの通知に接すると、直ちに電光石火、ロシアに向かって軍事行動に出た。

二月五日の御前会議で開戦と決するまではロシアに開戦の準備をしていることが気付かれないように極度の注意を加え、東郷平八郎中将の率いる連合艦隊は佐世保に静かに待機の姿勢を取っていた。

そして一九〇四（明治三十七）年二月六日、日本の外務大臣・小村壽太郎は当時のロシアのローゼン公使を外務省に呼び、国交断絶を言い渡した。同日、駐露公使・栗野慎一郎は、ラムスドルフ外相に国交断絶を通知した。


日露戦争の戦闘は、同年二月八日、旅順港にいたロシア旅順艦隊に対する日本海軍駆逐艦の奇襲攻撃（旅順口攻撃）により始まった。この攻撃ではロシアの艦艇数隻に損傷を与えたが大きな戦果はなかった。同日、日本陸軍先遣部隊の第十二師団木越旅団が日本海軍の第二艦隊瓜生戦隊の護衛を受けながら朝鮮の仁川に上陸した。

瓜生戦隊は翌二月九日、仁川港外にて同地に派遣されていたロシアの巡洋艦ヴァリャーグと砲艦コレーエツを攻撃し自沈に追い込んだ（仁川沖海戦）。二月十日には日本政府からロシア政府への宣戦布告がなされた。二月二十三日には日本と大韓帝国の間で日本軍の補給線の確保を目的とした「日韓議定書」が締結される。


帝政ロシアと皇道日本が硝煙濛々たる中に相対峙した。

この一戦が二十世紀以降の世界史をすっかり塗り替え、白人万能の文化に一大覚醒を与える結果になるとは当時何人が予想したであろうか。

ともあれ、旅順と仁川海戦快勝の朗報の中に宣戦は布告されたのである。

頑張り続けて来た対露主戦論者に凱歌が挙がった。宣戦布告の翌十一日夜、湖月会の連中は祝賀会を開いたが、海陸軍の若手は多少出席できたが、外務省の連中ときたら誰も顔を見せず、座敷には客よりは芸妓の方が多かったという。それでも会が散ずる頃には山座局長が現われたのでまた飲み直し、

「宣戦布告までは吾々の勝利だが、これからは戦いの勝利を齎さねば駄目だ。又、御互いに、凱旋祝賀会の日まで頑張ろうじゃないか」

と、過ぎ来し方の辛苦の数々を想い、明日の勝利を期して万丈の気焔を挙げるのであった。

然し並み居るもの斉しく、「戦いはこれからだ」と想い及べば、酒を含んだ面にも感慨無量、沈痛な表情が流れているのであった。

ロシア旅順艦隊は増援を頼みとし、日本の連合艦隊との正面決戦を避けて旅順港に待機した。連合艦隊は二月から五月にかけて、旅順港の出入り口に古い船舶を沈めて封鎖しようとしたが、失敗に終わった（旅順港閉塞作戦）。四月十三日、連合艦隊の敷設した機雷が旅順艦隊の戦艦ペトロパヴロフスクを撃沈、旅順艦隊司令長官マカロフ中将を戦死させるという戦果を上げたが（後任はヴィリゲリム・ヴィトゲフト少将）、五月十五日には逆に日本海軍の戦艦「八島」と「初瀬」がロシアの機雷によって撃沈される。

一方で、ウラジオストクに配備されていたロシアのウラジオストク巡洋艦隊は、積極的に出撃して通商破壊戦を展開する。これに対し日本海軍は上村彦之丞中将率いる第二艦隊の大部分を引き抜いてこれに当たらせたが捕捉できず、ウラジオストク艦隊は四月二十五日に日本軍の輸送艦「金州丸」を撃沈している。

開戦時の陸軍の戦力を比較してみると、ロシアと日本の兵力は、歩兵六十六万対十三万、騎兵十三万対一

万、砲撃支援部隊十六万対一万五千、工兵と後方支援部隊四万四千対一万五千、予備部隊四百万対四十六万であった。

黒木為楨大将率いる日本陸軍の第一軍は朝鮮半島に上陸し、四月三十日〜五月一日の戦闘で、安東近郊の鴨緑江岸でロシア軍を破った（鴨緑江会戦）。続いて奥保鞏大将率いる第二軍が遼東半島の塩大墺に上陸し、五月二十六日、旅順半島の付け根にある南山のロシア軍陣地を攻略した（南山の戦い）。南山は旅順要塞のような本格的要塞ではなかったが堅固な陣地で、第二軍は死傷者四千の損害を受けた。東京の大本営は損害の大きさに驚愕し、桁を一つ間違えたのではないかと疑ったという。

第二軍は大連占領後、第一師団を残し、遼陽を目指して北上した。六月十四日、旅順援護のため南下してきたロシア軍部隊を得利寺の戦いで撃退、七月二十三日には大石橋の戦いで勝利した。

旅順要塞に対して陸軍は三月上旬までは監視で十分であると判断していたが、その後三月十四日、北上する二個軍の後方に有力なロシア軍戦力を残置するのは危険と判断し、二個師団からなる攻城軍を編成することを決定した。だが海軍側としては陸軍の援助なしの海軍独力による旅順の処理を望んだようで、事前調整の段階から陸軍の後援を要求しない旨をしばしば口外した大本営海軍幕僚もいたと伝えられる。

四月六日に行われた陸軍の大山巌参謀総長、児玉源太郎次長と海軍軍令部次長・伊集院五郎との合議議決文に「陸軍が要塞攻略をすることは海軍の要請にあらず」という一文があるように、四月に入っても海軍は独力による旅順艦隊の無力化に固執し続け、閉塞作戦失敗後は機雷による封鎖策に転換し、四月十二〜十三日に実施されたが失敗した。

ロシア・バルト海艦隊（バルチック艦隊）の極東回航がほぼ確定し、追い詰められた海軍は開戦当初から拒み続けてきた陸軍の旅順参戦を認めざるを得なくなった。このような経緯により要塞攻略を主任務とする第三軍の編成は遅れ、戦闘序列は五月二十九日に発令となった。軍司令部は東京で編成され、司令官には日清戦争で旅順攻略に参加した経歴があった乃木希典大将が命ぜられた。

六月二十日現地総司令部として満洲軍総司令部が設置され、大本営から指揮権が移された。

六月八日に大連に到着した第三軍司令部は、すでに上陸していた第一、第十一師団（共に第二軍より抽出された）を加えて前進を開始し、六月二十六日までに旅順外延部まで進出した。七月十二日には伊東祐亨海軍軍令部長から山縣有朋参謀総長に、ロシア旅順艦隊を旅順港より追い出すか壊滅させるよう正式に要請が入る。

八月七日より海軍陸戦重砲隊が旅順港内の艦船に向け砲撃を開始し、ロシア旅順艦隊に損傷を与えた。これを受けてロシア旅順艦隊は八月十日に旅順からウラジオストクに向けて出撃、待ち構えていた連合艦隊との間で海戦が起こった。この海戦でロシア旅順艦隊が失った艦艇はわずかであったが、今後出撃できないような大きな損害を受けて旅順へ引き返した（黄海海戦・コルサコフ海戦）。

ロシアのウラジオストク艦隊は、六月十五日に輸送船「常陸丸」を撃沈するなど（常陸丸事件）活発な通商破壊戦を続けていたが、八月十四日に日本海軍第二艦隊に蔚山沖で捕捉された。第二艦隊はウラジオストク艦隊に大損害を与え、その後の活動を阻止した（蔚山沖海戦）。

ロシア旅順艦隊は出撃をあきらめ作戦能力を失っていたが、日本側ではそれが確認できず第三軍は要塞に対し第一回総攻撃を八月十九日に開始した。だがロシアの近代的要塞の前に死傷者一万五千という大損害を受け失敗に終わる。

八月末、日本の第一軍、第二軍及び野津道貫大将率いる第四軍は、満洲の戦略拠点遼陽へ迫った。八月二十四日〜九月四日の遼陽会戦では、第二軍が南側から正面攻撃をかけ、第一軍が東側の山地を迂回し背後へ進撃した。ロシア軍司令官・クロパトキン大将は全軍を撤退させ、日本軍は遼陽を占領したもののロシア軍の撃破には失敗した。十月九日〜十月二十日にロシア軍は攻勢に出るが、日本軍の防禦の前に失敗する（沙河会戦）。こののち、両軍は遼陽と奉天の中間付近を流れる沙河の線で対陣状態に入った。

十月十五日にはロジェストヴェンスキー中将率いるバルチック艦隊（正確にはバルチック艦隊から抽出された第二太平洋艦隊）が旅順（旅順陥落の後はウラジオストク）へ向けてリエパヤ港を出発した。

第三軍は旅順への攻撃を続行中であった。港湾への大弧山からの観測射撃を八月〜十月まで黄海海戦を挟んで実施し、ロシア旅順艦隊の壊滅には成功していた。しかしながら日本側にそれを確認することが出来ず、その後の作戦運用に混乱をもたらすことになった。

第三軍は、要塞東北方面の防衛線を突破し、その背後にある、旅順要塞で最高峰の「望台」を占領することで要塞の死命を制し、海軍の要望も果たそうとした。

九月十九日と十月二十六日の前後に分けて行われた第二回総攻撃は、突起部を形成している第一回総攻撃で占領した拠点の周辺を安定化させることを目的とし、二百三高地以外の作戦目標を攻略して目的を達成していたが、中央には失敗と判断された。この際に第三軍は海鼠山を占領し、旅順港のほぼ全てを観測することが出来るようになったが、ロシア旅順艦隊主力が引き籠っている海域だけが俯瞰できず、この頃より海軍は、より旅順港を一望できる二百三高地の攻略を優先するよう要請をしだす。この海軍の要請に大本営も追認するが、第三軍と、上級司令部である満洲軍は東北方面主攻を主張し続け対立。大本営と海軍は天皇の勅許まで取り付けて方針を変更するよう促す。

十一月二十六日からの第三回総攻撃も苦戦に陥るが、途中より乃木の判断で要塞東北方面の攻撃を一時取り止め、二百三高地攻略に方針を変更する。

戦況を懸念した満洲軍総参謀長・児玉源太郎大将は、大山巌元帥の了承をもらって旅順方面へ向かっていたが、直前に乃木が攻撃目標を変更したことを受けて、その攻略に尽力した。

激戦の末、十二月四日に旅順港内を一望できる二百三高地の占領を達成した。しかしその後も要塞は落ちず、第三軍は作戦目的である要塞攻略を続行し、翌一九〇五（明治三十八）年一月一日にようやく東北方面の防衛線を突破して望台を占領。これを受けてロシア軍旅順要塞司令官アナトーリイ・ミハーイロヴィチ・ステッセル中将は降伏を決意した。

一方、沙河では両軍の対陣が続いていたが、ロシア軍は新たに前線に着任したグリッペンベルク大将の主導の下、一月二十五日に日本軍の最左翼に位置する黒溝台方面で攻勢に出た。一時、日本軍は戦線崩壊の危機に陥ったが、秋山好古少将、立見尚文中将らの奮戦により危機を脱した（黒溝台会戦）。二月には第三軍が戦線に到着した。

日本軍は、ロシア軍の拠点・奉天へ向けた大作戦を開始する（奉天会戦）。二月二十一日に日本軍右翼が攻撃を開始。三月一日から、左翼の第三軍と第二軍が奉天の側面から背後へ向けて前進した。ロシア軍は予備を投入し、第三軍はロシア軍の猛攻の前に崩壊寸前になりつつも前進を続けた。三月九日、ロシア軍司令官・クロパトキン大将は撤退を指示。日本軍は三月十日に奉天を占領したが、またもロシア軍の撃破には失敗した。

この結果を受けて日本側に依頼を受けたアメリカ合衆国大統領セオドア・ルーズベルトが和平交渉を開始したが、間もなく日本近海に到着するバルチック艦隊に期待していたロシア側はこれを拒否した。一方両陸軍は一連の戦いで共に大きな損害を受け作戦継続が困難となったため、その後は終戦まで四平街付近での対峙が続いた。

バルチック艦隊は七ヵ月に及んだ航海の末、日本近海に到達、五月二十七日に連合艦隊と激突した（日本海海戦）。五月二十九日にまでわたる二日間の海戦でバルチック艦隊はその艦艇の殆んどを失うのみならず、ジノヴィー・ロジェストヴェンスキー司令長官が捕虜になるなど壊滅的な打撃を受けた。これに対して連合艦隊は喪失艦がわずかに水雷艇三隻という、近代海戦史上に於いても例のない一方的な圧勝に終わった。

欧米各国における「ロシア有利」との予想を覆すだけでなく、バルチック艦隊が壊滅するという予想もしなかった海戦の結果は列強諸国を驚愕させ、トルコのようにロシアの脅威に曝された国、ポーランドやフィンランドのようにロシアに編入された地域のみならず、白人国家による植民地支配に甘んじていたアジア各地の民衆を熱狂させた。この海戦の結果、日本側の制海権が確定し、頼みの綱のバルチック艦隊を完膚なきまで叩きのめされたロシア側も和平に向けて動き出した。

五月二十七日の日本海海戦勝利後の五月三十一日、外務大臣・小村壽太郎は駐米高平小五郎公使に訓令を発し、米大統領セオドア・ルーズベルトに、日露講和につき友誼的斡旋を希望する旨申し入れるように命じた。六月一日、高平は大統領にこの訓令を伝えた。六月六日、米国は日露双方に対して、「日露両国のみならず文明世界全体の利益のため、講和会議の開始を切望する」との内容のルーズベルト公文書を渡した。六月七日、ロシア皇帝からルーズベルトの停戦勧告を受け入れるとの返事があった。ロシア皇帝の意向は、日本軍により樺太が占領される以前に講和を実現したいとのことであった。

日本の首脳部では樺太占領は消極的だったため、長岡外史参謀次長は満洲軍総参謀長・児玉源太郎陸軍大将に協力を依頼したが、一九〇五（明治三十八）年六月十四日、児玉より、講和談判を有利に進めるために、樺太占領を勧めるとの内容の電報があった。六月十五日に至って、樺太作戦の件が政府・統帥部の協議で決定し、六月十七日に明治天皇の裁可が下り、新設の独立第十三師団に出動命令が下された。

二個旅団編成の樺太遠征軍は、日本海海戦後新編制された連合艦隊の第三・第四艦隊からなる北遣艦隊に護送され、七月七日、樺太南部の亜庭湾岸に侵攻した。

当時、南樺太のロシア軍の兵員は、千二百名程度と少なかったため、遊撃戦への転換を図り、五つのパルチザン部隊が編成された。日本軍は優勢な戦力を背景に、八日にはコルサコフ（日本名：大泊）を占領、十日にはウラジミロフカ（日本名：北豊原市北豊原駅付近・現在のロシア名：ユジノサハリンスク）を占領した。十二日には、ウラジミロフカ西方のダリネエ村（日本名：豊原市西久保）付近の林で、日本軍はロシア軍主力を撃破し、捕虜二百人を得た。日本軍は十九人が戦死し、五十八人が負傷した。十六日にはコルサコフ方面司令官・アルチシェフスキー大佐も降伏した。しかし、ロシア人パルチザン部隊はその後も一ヵ月以上にわたって抵抗を続けた。

七月二十四日、日本軍は北樺太アレクサンドロフ（日本名：落石《オッチシ》）付近に上陸した。北樺太にはロシア軍長官・リャプノフ中将以下五千名を越える兵士がいたが、ロシア軍はわずかに抵抗を示しつつも、島の深奥部へ退却したため、日本軍はその日の夕方にはアレクサンドロフを占領した。七月二十九日には明治天皇より片岡七郎北遣艦隊司令長官に樺太上陸を完遂し占領の基礎をなしたことを称える勅語が賜られた。ロシア軍長官・リャプノフ中将は降伏勧告を受けて、七月三十一日に降伏した。

樺太占領後の八月十日から開始された日露講和会議（ポーツマス条約）の結果、樺太を東西に横切る北緯五十度線以北はロシアに返還されたが、以南は正式に割譲させ日本領となった。

七　日露講和の苦心

（一）軟弱論を撃破して講和条件を好転

ロシアでは、日本軍に対する相次ぐ敗北とそれを含めた帝政に対する民衆の不満が増大し、国民の間には厭戦気分が蔓延し併せて経済も停滞の一途をたどり、一九〇五（明治三十八）年一月九日には血の日曜日事件が発生した。さらにバルチック艦隊が壊滅し制海権も失っていた上に、日本軍の明石元二郎大佐による革命運動への支援工作がこれに拍車をかけ、国家としての戦争継続が困難な情勢となっていた。

日本は勝利に次ぐ勝利でロシアを土壇場まで追い詰めたものの、十九ヵ月の戦争期間中に戦費十七億円を投入、そのほとんどは戦時国債によって調達し、また当時の日本軍の常備兵力二十万人に対して総動員兵力は百九万人に達したことなどから、国内産業の稼働が低下し経済的にも疲弊するなど国力の消耗が激しかったことにより、講和の提案を拒否しなかった。

世界の耳目を奪って皇軍は陸に海に快捷を続けて来たが、奉天会戦の後は戦線が非常に拡大して、我が国力が果たして長くこれを支え得るか憂慮される状態にあった。現に沙河で両軍対峙している所にさえ、我が軍は弾薬の欠乏に悩まされた上、それまでの戦いで善良有為の将兵を夥しく失い、その補充に困難を感じていた程であるから、、奉天占領後の不安はひどかった。こうなれば国民の義勇の問題ではなくて、国力の懸隔、経済力の優劣、軍需工業の未発達という根本的な弱点によるものであった。優秀な外交はかかる時にこそ待望される。

小村壽太郎の捨て身の外交がこの時に発動しだした。山座はその陰にあって奮闘を続けた。彼が遺した日露講和談判秘話こそ、従来発表された如何なる外交文書より貴重で興味深く、講和の真相を知るものは当時の外交責任者に満腔の感謝を捧げなければならない。

山座の秘稿は次のように書いている。

「奉天の戦いが終わりを告げた頃、日本軍の最高幹部の間には夙に講和の意向が動いていた。故児玉総参謀長はこの意見を大本営に進言すべく秘密に東京に引き返したのであった。余（山座）は小村外相の意を受け児玉大将を駒込の私邸に訪問した。大将は言う、『戦局の情勢上今は一兵の補充を必要としない、只平和あるのみだ』と。

　その頃バルチック艦隊は舳艫相ふくみ遠くインド洋を横断し、仏領カムラン湾に仮泊していた。若しこの艦隊をこのままにしておいて平和の局を結ぶなら、今まで陸に海に連勝したのは何にもならず五分五分で、戦いの目的が消し飛んでしまう事は自明の理である。よってこの際、講和着手前に先ず是が非でも撃破して仕舞わねばならぬというのが外務省側の主張だった。

　この意見は大本営に於いて採用され、その結果東郷司令官の『皇国の興廃』となり日本海海戦の徹底的撃滅となったのである。

　今度は児玉総参謀長の意見が実行されねばならぬ時機となったので、小村外相は講和を有利に導く為に準備条件として左の四項を実行されたいと提起した。

　即ち、
一、リネウィッチを叩き付けその鼻を挫くこと
一、北韓地方に侵入しているロシア軍を掃蕩駆逐すること
一、軍費として新たに三億円の外債を募ること
一、樺太を占領すること
　その理由はこうだ。ロシア軍総司令官・クロパトキンは幾度かの敗戦で苦き経験を嘗めて皇軍に畏怖していたが、奉天戦以後新たに司令官に任じられたリネウィッチは今迄の敗戦は予定の退却だと豪語している有様なので、講和前に彼の度肝を奪い、ロシアの上下をして速やかに平和を結ばなければならぬという自覚を叩き込むことは戦勝者としての光栄を我が手に収める上に極めて必要なので、小村外相は更に、陸上の一戦を強硬に主張したが、陸軍側は、ロシアは我に比し二百大隊の優勢を持っている上に日々シベリア鉄道で増

援隊が到着しているから、この機に臨んで危険な一戦を試みる必要はないと承引しない。外相も第一項は遂に棄てた。

第二は北韓地方に露軍一部隊が、豆満江を越えて入り込んでいたが、愈々講和談判となれば、我が京城同様の土地に敵兵の残留を許して置くことは談判上不利益を生じないとも限らないから、講和前是非とも一掃しなければならぬという外相の主張に陸軍も同意した。

三億円の外資輸入には政府内部から猛然たる反対が起こった。曰く、『講和に入り戦いを打ち切ろうとしているのに軍費はこの上必要ないではないか、而も政府には軍費の準備尚一億円残っている。この上借金するのは愚の骨頂である』と。外相がこれに対し『それは一を知って二を知らざるものである。我が方はこの上にも戦闘意志十分で、調達も出来ている。何時でも露軍の上に大打撃を与えることが出来るという気勢を示すのは講和を有利に導く必須の条件である』と主張すれば、井上馨の如きは『この上の借金には不利な利率を考慮せねばならぬ。邦国のために却って不利だ』と駁論したが、外相は頑として、『国家存亡の大機に臨める今は一分や二分の利率の高いこと位を云為《うんい》する時ではない』と大いに争ったので、遂に政府も外相の主張通り三億円の外債を募った。

戦争中に樺太を占領せねばならぬという意見があったに拘わらず、軍隊では樺太には何の手も下していなかった。凡そ軍の順序として実力の下に十州を占領して、一、二州を割譲させるのが、従来の講和であったが、実力占領してもいない土地に対して割譲を迫ってもロシアは承認しまい。従って政府が樺太割譲を講和上必要とするならば、先ず占領せよと外相は迫ったので、大本営の入れるところとなり、講和全権一行（小村、山座ら）がサンフランシスコ港に到着した時、樺太占領の電報に接したのであった。

流石、小村外相は明治日本の興隆を一身に担った名外交家であった。戦果を十二分に収める為には元勲も陸海軍将官の謬論も各個撃破して往く、秋霜敢為な風貌こそ外交一元の権化と称賛される。思えば不利な国勢にあってよくあれだけ有利な日露講和が締結されたものと感謝したくなる。

それは要するに、国家に対する奉公の念と明徹なる国際情勢の認識からのみ、千万人とも吾往かんの外交信念が生まれるのである。二重外交の誹謗が起こった時は、鼠公使といわれた短躯小村外相が何故あんなに強力無比な外交手腕の発揮が可能であったかを追想すれば良き参考となろう」

(二) 嗚呼、条約成れり、講和折衝の苦心

ロシア大帝国に膺懲の鉄槌は下したが、国力の不備な点があって、政府当局は最後の一撃を下し切れない悩みを持っていた。そこにアメリカのルーズベルト大統領からの講和勧告を渡りに船と応諾した。

全権団は、全権特命委員・小村外相はじめ佐藤愛麿公使（佐藤尚武元外相の岳父）、山座政務局長、書記官・本多熊太郎、外交官補・小西孝太郎（小村の秘書）、安達峰一郎（国際法学者・ポーツマス条約の草案作成に当たる）、ヘンリー・デニソン（外務省国際法顧問）である。

山座は小村全権団の一員として出発する直前、日英同盟改定折衝の最中の一九〇五（明治三十八）年六月二十一日に夫人の父神鞭知常の他界を見なければならなかったが、最早病気がちの小村外相に代わって終戦外交の最後の仕上げをしなければならなかった山座にとっては、全くそれどころではなかったであろう。

一行を乗せた全権列車は同年七月八日新橋駅を発ち、横浜港より汽船ミネソタ号でアメリカへ向かった。奉天に、日露海戦に打ち続く連勝の光栄に熱狂している、講和の絶対有利を信じ切っている国民は、新橋駅は申すに及ばず、各駅に、横浜埠頭に、押し掛けて「万歳」「万歳」と小旗を打ち振り、歓声をあげて一行を送った。この熱狂した群衆の興奮状態を見ながら、山座は小村全権に向かって、

「私共の出発の時はこの通り盛んな歓送振りですが、いざポーツマスから帰った日には横浜埠頭は私共の死処となるかもわからん。今日の『万歳』が帰る日に『馬鹿』くらいで済んだらいい方でしょうな」

と共に呵々大笑いした。

敵に止めを刺すことが出来ない此方の苦しいところを知悉しているだけに、如何に有利にロシア全権と太刀打ちせんかと辛労している小村、山座は、帰国の日を想って心中いたたまらぬ不安と焦慮の感じに襲われたことであろう。一行を乗せたミネソタ号は、埠頭を埋める小旗の波、歓呼に送られてポーツマス会議目指して抜錨した。

アメリカの仲介により講和交渉のテーブルに着いた両国は、八月十日からアメリカ・ポーツマス近郊で終戦交渉に臨んだ。小村全権は、講和談判がどんなに不利に運んでも満洲に於ける露軍の撤退、南満洲に於ける鉄道及び土地租借権の継承と朝鮮の自由処分の二項目だけは絶対堅持するつもりでいたが、談判には更に樺太島の割譲、軍費の賠償、中立港抑留露艦の引き渡し、ロシア極東海軍力の制圧を持ち出した。

ロシア全権代表セルゲイ・ウィッテ（元蔵相）の態度は当初穏やかなもので平和回復に対する誠意も十分あって、兎に角ロシアの国家体面を傷つけぬ程度のものなら若干の賠償金は致し方なかろうという意向も暗示したので、我が方に有利に講和は進んでいた。

しかしそのうち奉天戦後新たに総司令官になったリネウィッチの態度は戦場方面で益々強硬となり、その結果軍隊間の空気も硬化した。それがロシア官邸内に反映してきたため自然ウィッテ全権の態度も変わってきて、談判はニッチもサッチも行かない破目に陥り、講和談判は遂に決裂かという状態になってきた。

到底相容れない談判と見透した小村は、苦肉策によって新局面を開こうと考えた。

—曰く、談判を中止してポーツマスを引き揚げ、ニューヨークでロシアの最後の態度を待とう—

山座、高平、佐藤、本多、落合は皆賛成した。それでは急げとばかりに滞在中の支払いを全部済ませ、次に荷造りも書類の整理も済ませた。それからポーツマス市から我が全権一行が受けた招待の答礼として市経営慈善事業に二万ドルの小切手を切り、それに添付すべき書簡もタイプライターで打って出来上がった。サァー、引き揚げてニューヨークに行くばかりになった。

この全権の重大決意に政府は何と回答してくるか。

小村全権は東京出発の際、政府から言い含められていたことがあった。

—談判が面白く運ばず、愈々決裂と思われる時は委曲を尽くして本国に請訓せよ—

そこで小村はニューヨークに引き揚げるに決心した模様と将来の方針を請訓したのだった。小村の重大決意を知った東京では、直ちに御前会議が開かれた。その結果、サァー、これからニューヨークに引き揚げようと準備のすっかり出来ていた小村全権に訓令が届いた。

—賠償金の取得と土地の割譲は固執するに及ばず、速やかに平和克服の手段を取って談判を纏めよ—

その訓令を山座は無言のまま小村全権に渡した。小村はズーッと目を通していたが少しも驚いた様子もなく、「多分こんなことだろうと思っていた」と言ったきりジーッと目をつぶり沈思しはじめた。生来の熱血児たる本多熊太郎は「なんだこのざまは、情けない」と大声を上げて泣き出してしまった。

璽霊山に、遼陽に広い荒野に沁みこんでいる同胞の碧血と幻がチラチラと目に映る。臥薪嘗胆の忍苦が返り見られる。しかし強腰に出られない講和談判、怨むことだろう。斃れた同胞の、生き残った国民の顔、顔、顔……。一本の訓令を囲んで全権団一行は暗然と万斛の涙をのみ淋しい無言が続けられるのであった。

これで引き揚げは中止され、小村・ウィッテの会見は続けられた。日本は賠償金の要求は捨てた。政府は土地の割譲を固執するに及ばずといってきたが、小村は樺太だけは是非割譲せよと強硬に主張した。

「樺太は本来我が領土で、維新のどさくさの時貴国に奪われたものと国民は信じている。依って樺太を現状のままにしておくことは日露が再び戦う口実を残しておくようなものだ。そうなれば我々が骨折った講和談判も無益となる。それに樺太は既に我が軍が占領しているではないか」

そう繰り返し繰り返し論じたて、やっと南半分を割譲させたのである。樺太南半割取は政府の訓令に従わず、強硬にやり通した小村全権の一大殊勲である。

一九〇五（明治三十八）年九月五日、ポーツマス条約締結により講和した。

山座が主戦論時代よりの同志小川平吉に出した葉書には、

「嗚呼、条約成れり、午後三時調印。僕は十月上旬、横浜へだけは着するならんか。九月五日　山座」と記された。

「嗚呼、条約成れり」の文字に折衝幾十度、調印し終えた安堵と苦心を、更に国民がこの講和に反対な事を直感した彼が、帰朝の日、果たして東京に無事入れるかと案じる無限の感慨がよく表現されている。

「十月上旬、横浜へだけは着するならんか」の文句、この夜東京では講和反対の焼き打ちが処々所々で行われていたのだった。

（三）奇策・泥酔を装い志士を煙に巻く

条約に調印してホッとした小村全権は長い間の心労でニューヨークに来てから臥床してしまった。病辱の小村は山座を幾度もその部屋へ呼んだ。そして山座が入ってくる毎に何事か命じようとしては「イヤ、この次にしよう」と言って引き取らせた。これは山座に電文の起草を命じようとしたのであるけれども胸部が苦しくて、それさえ命ずることが出来なかったのである。

アメリカで当時権威のデラフィールド博士は、小村に数週間の静養を勧告したが「あなたの言う事は白人に適用するべきもので我々日本人は例外である」と言って頑張って自ら便所に行くので、随員が心配して、その頃ニューヨークにいた金子堅太郎に頼んで忠告して貰った。

小村は金子に「医者は待合の女将のいうような事を言う。寝て居れ、今に女を寄こすからとな」と言った。気が強い小村はこんな諧謔《かいぎゃく》を飛ばして皆を噴出させたが、その後は忠告に従って、便所に行く事だけは止めた。念のため、小村が女と言ったのは看護婦の事である。

そのうちに、日本ではポーツマス講和条約に国民は大反対で、「小村を葬れ」、「条約を破棄せよ」との声が高まり、帝都は焼き打ちの修羅場と化し、戒厳令が布かれたという情報が、病床の小村にも一行にも通知された。

しかし小村は、帰国を急いだ。戦後の国策に就いて元老の間に兎に角消極的意見を抱いているものがあるから、自分の帰朝前に政府が軟弱になる事を憂慮していた。

その偵察をかねて、山座に講和条約の正文を持たせて一船先に帰らせた。

その後、小村は本多、小西を従え帰航の船中、独り沈思黙考して得た戦後の日本がとるべき経綸国策を小西書記官に口述した。

それは「韓満施設綱領」（付記参照）で朝鮮・満洲の経営十ヵ年計画とも称すべきもので、朝鮮保護条約案、日支新条約の骨子、満洲に於いて我が総督府を遼陽に置き、遼陽から安東県を繋いで朝鮮に達する鉄道を敷設すること、博多湾を築港して大陸用兵の便に資することなどが記され、小村の恐るべき卓見が窺える。

小村は浄書二通を作らせ本多を自分の船室に呼んでその一通を渡し、

「明日愈々横浜に着くが、万一のことがあっても、吾輩を顧みる必要がないから、君はこの書類を封して帰り山座に手交し、この国策達成に邁進するよう政府を動かしてくれと山座に伝えてくれ。それさえ出来れば自分の身にどんなことが起きようが自分の志は達成されるのだ」

国民の憤慨の巷に身を投ずる小村が一篇の意見書に、自己の精神、国策を書き留め君国に対する最後の奉公を果たそうとする悲壮な心情を思えば、書類を受け取りつつ本多は熱涙滂沱として感激に身を震わし、誓って任を果たす事を約した。

小村が身の危急を知って遺志を山座によって達成せんとする。信任された山座の幸福こそ羨望に堪えない。

これより先、山座が小村より一船先に随員を纏めて帰国すると聞いて焼き打ち事件の余燼未だ覚めない志士、浪人は元より講和条約の失敗を憤慨する燕趙悲歌の徒は、

「山座が帰ってくる！」

「小村の懐刀、山座が帰る！」

「講和条約失敗の責任は彼にある！」

「許すな！　恥辱条約の血祭りに揚げろ！」

と、山座の船が横浜に入港する朝まだきから続々詰め掛け、手ぐすね引いて待ち構えていた。やがて船は着いた。

「それ山座が！」ドッと一度に押しかける。

見れば山座が酔歩蹣跚《すいほまんさん》どころか泥の如く酔いしれて正体もなく、

「何！　講和条約が失敗で悔しい……俺も悔しいよ」と言うではないか。

一気に気負いこんだ連中は完全に呆気にとられた。山座は自棄酒を煽っている。憎悪は一転、同情に変わった。山座はかくて何事もなく東京入りが出来たのだった。しかし山座は酔っているのでも何でもなかった。わざと酔態を装っていたのであった。

山座の船が横浜に入るとすぐ政府の命令で上陸を差し止められ、二、三隻の水雷艇は船の周囲を遊弋《ゆうよく》して厳重な警護を加えていた。そのうちに山座の不在中政務局長代理をしていた石井菊次郎が船に乗り付け、山座は石井から、志士が自分（山座）の帰りを手ぐすね引いて待っている不穏な実情の説明を聞き、万が一埠頭で襲われ条約正文を奪取され、条約破棄でもしなければならぬ羽目に陥っては大変だからという政府の命

令に従い、条約正文を石井に渡した。

石井は水雷艇でそのまま品川に向かった。その瞬間、山座の奇策は浮かんだ。「ヨシ、酔ったふりして連中を煙に巻いてやれ」と一世一代の腹芸。到底余人には出来ぬ豪胆な離れ業である。

上陸前、石井と会見中に山座は何の為に日露が戦ったか分からなくなった大事件を報告されて驚いた。

（四）「満鉄」日米共同経営破棄

横浜上陸前の山座に石井が報告した驚愕すべき重大事件とはこうである。

アメリカは、ポーツマス条約の仲介によって漁夫の利を得、満洲に自らも進出することを企んでおり、日露講和後は満洲でロシアから譲渡された東清鉄道支線を日米合弁で経営する事を目論んだのである。


エドワード・ヘンリー・ハリマンは日露戦争の当初からニューヨークの金融王クーン・ローブ（アメリカ合衆国に君臨した金融財閥）の頭取ジェイコブ・シフと共に日本の戦債募集に尽力し、自分でも五百万ドルを引き受けたアメリカの鉄道王といわれる財界の有力者である。

ポーツマスで日露両全権が秘術を尽くして講和会議をやっている留守の一九〇五（明治三十八）年八月三十一日来朝して、特に参内拝謁の殊遇に浴した。その後アメリカ公使・グリスコムの斡旋で伊藤博文、井上馨、桂首相と会見するうちに満鉄を経営しシベリア鉄道を連絡し、北米の鉄道とアラスカ海峡で結ぶ、長い間夢に描いていた世界一周の大鉄道計画を切り出した。曰く、「満鉄は世界交通の主要幹線であるから、宜しく潤沢なるアメリカ資本を誘致して大改善を加える必要がある。またロシアが日本に復讐を試みないとも限らないから、アメリカに満洲に対する発言権を持たせておくことは日本の為に有利だろう」と誘いかけたのである。

その頃、我が国のお偉方は戦争では勝ったが、ロシアの復讐を戦々恐々として怖れていた。特に井上馨に至っては、戦後、満洲経営に手を付けるのは非常な国家的負担だという消極的意見の所有者だったから、一も二もなくハリマンに同意し、一九〇五（明治三十八）年十月十二日には桂首相との間で「桂・ハリマン協定」が合意に至る。

その協定とは、

「南満洲鉄道及ビ付属財産ノ買収、改築、整備、延長、並ニ大連ニ於ケル鉄道終端ノ改善及ビ完成ノタメ、資金ヲ充実セシムル目的デ、一ノ日米シンヂケートヲ組織スルコト」から始まる十一項からなる覚書で、

・日本政府とハリマンが折半出資したシンジケートが南満洲鉄道を買収する
・両者は全く同じ権限を持つイコール・パートナーである
・シンジケート会社は日本法の下に設立される
・緊急事態下には会社は日本政府のコントロールに入る
・もし中国やロシアと戦争になった場合、兵員、糧食の輸送等は日本政府の指図の下に行う

という内容のものであった。

但しハリマンとしては、彼がシンジケートを経営しなければ意味がなかった。彼は世界一の鉄道経営者であるとの自負があったから日本人なんかには任せられないと考えていた。ここで彼が投資するという一億円はユニオン・パシフィックがノーザン・パシフィック事件（鉄道株買い占め事件）で稼いだキャピタル・ゲインと同じ金額であった。

この協定覚書交換後は帰国準備のため横浜のホテルに宿泊しているハリマンの許を逓信省鉄道局長・平井清二郎が訪ね、そこで調印する段取りであった。しかし最後にこの計画に一人だけ反対していた大浦兼武逓信相が桂首相に対し、

「小村外相の帰国を待ったほうが良い」

と諫めたために、とうとう調印しないままにハリマンはアメリカに帰って行くことになった。

「協定」にならずに「覚書」になってしまったのである。しかしハリマンとしては首相と覚書を交換しているので協定は成立したものと考えていたであろう。

これを聞いた山座は、上陸すれば講和反対の壮士どもが自分たちを待ち構えている身の危険も何も忘れ、憤激で全身打ち震えていた。

「満洲平野に十万同胞の血を流したのは何の為だ。戦勝によって獲得した満鉄は我が国の責任で開発し発展させ、将来は満洲経営の動脈とせねばならぬ運命にあるのに、自ら進んでアメリカと共同経営すれば、将来はどうなると思うのだ。重役会議の用語は勿論英語を用いるだろう。そうなれば、国家利害の連綿たるデリケートな問題でアメリカ人と自由に議論し得る人なんか到底得られない。又、重役と資本は両国均等というが、資本力ではアメリカに負けるから結局、満鉄はアメリカ人のものになってしまう。なんという卑怯、な

んたる政府元老の弱腰だ。このまま放置する事は国民に相済まぬ。必ず誓ってこの協定は破棄せねばならぬ」

と唇を強く噛みしめて彼は決心したのだった。


やがて一船遅れて小村全権が帰国した。山座は誰よりも早く小村を訪れ、室を閉じてハリマン事件の内容を告げた。小村は飛び上がらんばかりに驚き、顔色蒼白に変ずると共に憤然起き上がって砕けよとばかりにテーブルを猛打して、

「咄！　なんたる失態であるか、こんなことも起こりはせんかと案じたからこそ病を押して帰って来たのだ。こいつは必ず叩き壊さなならんが、山座、方法を考えておいたか」

と畳み掛けて尋ねるのであった。

山座は答えた。

「ハリマンは今船の中だから、彼がアメリカに着くまでに我が政府や元老間の意見が協定打破ということに決すれば大丈夫間に合います」と。

これを聞いた小村は、

「よし、それで行こう」

小村は意外な大事件に昂奮した面持ちで山座を顧みつつ、上陸して汽車で東京に運ばれる道すがら国民から非常に反感をもって迎えられつつある現在の我が身の上も打ち忘れて、ただこの協定を粉砕すべき今後の策略について沈思黙考を続けるのみだった。

小村は帰京すると、桂首相は早速ハリマンとの協定の承認を求めてきた。然し小村は即座に反対の意志を表明し破棄せねばならぬ理由を力説し、両三日間は寝食を忘れ大車輪の活躍を続け、井上はじめ賛成した者を片っ端から説破して、ハリマンの乗った船が十月二十七日サンフランシスコに到着と同時に上野季三郎サンフランシスコ総領事が極めて歪曲に取り消しの旨を伝えた。

あの時この二人の獅子奮迅の活動がなかったならば、南満洲鉄道は恐らくアメリカの手に移っていただろう。

ハリマンの失意を思って、小村、山座は秘かに快心の微笑みを交わせながら心からなる祝杯を挙げた。かくて我が満洲経営の大陸政策の基礎は大盤石になったのである。

しかし講和条約の内容は、賠償金を取れないなど国民にとって予想外に厳しい内容だったため、日比谷焼打事件をはじめとして各地で暴動が起こった。結果戒厳令が布かれるまでに至り、戦争を指導してきた桂内閣は退陣した。

これは如何なることであれロシア側へ弱みとなることを秘密にしようとした日本政府の政策に加え、新聞以下マスコミ各社が日清戦争を引き合いに出して戦争に対する国民の期待を煽ったために修正が利かなくなっていたこともあり、国民の多くはロシアに勝利したものの日本もその国力が戦争により疲弊しきっていたという実情を知らされず、相次ぐ勝利によってロシアが簡単に屈服したかのように錯覚した反動からきているものである。

なお、賠償金が取れなかったことから、大日本帝国はジェイコブ・シフのクーン・ローブに対して金利を払い続けることとなった。日露戦争で最も儲けたシフは、ロシア帝国のポグロム（反ユダヤ主義）への報復が融資の動機といわれ、のちにレーニンやトロツキーにも資金援助をした。

(五)流石喧嘩権兵衛も無言で点頭

ハリマン事件も片付き、帰国してから初めて外務省の門をくぐって久しぶりに政務局長室に収まって事務を見ていた山座の前へ立ったのが石井菊次郎であった。

「今日は君の一身について話があるんだ」

「なんだ、もったいぶらないで聞かせろよ」

「君が未だ帰国しないとき山本権兵衛伯に呼ばれて訪問したら、『山本伯は講和条約反対の熱が帝都をはじめ全国各地で巻き起こっているのは、外務省の山座などが日露開戦などを叫んで陸海軍の若い連中と一緒になったり、浪人共と往来したりしてきたからで、戦争が終わってからは政府の措置までとやかく言うようになったのだ。山座が帰国したらやかましく民論を鎮圧するように言っておいてくれ。どだい山座も少しやりすぎるきらいがあるぞ』と叱られた。山本伯はひどく不機嫌だったから、一度諒解を求めてきたら後々の為に良いと思うが……」

と、友情を披露して山本伯を訪問せよと勧めて去った。

石井の話を聞いて山座は早速、山本伯を私邸に訪問した。山本伯はなんと言っても当時の海軍の大御所、日露開戦と見るや連合艦隊司令長官・日高壮之丞に引導を渡し東郷平八郎に代えて、海軍大勝の因を作った剛毅果断さと、喧嘩権兵衛の異名で、近寄るもの一同に怖れられる存在であった。

それを官等から見れば渺《びょう》たる一外務省政務局長・山座には、国家あって私利私欲がないから、元老だろうが喧嘩権兵衛だろうが少しも痛痒を感じない。

玄関から堂々と抗議しに行った。山本は山座を引見した。小僧、なんの用事でやって来たくらいにしか思っていない、それともポーツマス会議の内輪話でも報告に来たくらいにしか思ってない。山座は抗議に来たのだから、最初から山本のお株を取って喧嘩腰だ。

「伯爵は過日石井君にかくかくのお話しであったと聞きますが、伯爵の御検討違いではないでしょうか」

先ず真っ向から一本グサッと打ち込んでおいて、山本が一体何のことだと眼を剥く隙も与えず、

「今度の戦争で、国民をして我が国力を過信させたのは全く政府の方針ではなかったでしょうか。閣下も海軍大臣だったから御存知でしょうが、だから国民は奉天戦の後も戦い得るものと過信し、ポーツマス条約も不満足だと憤慨しているのです。これは当然のことで、申さば政府の方針がよく徹底した、成功したともいえるのです。区々たる山座如きが片々たる言辞を弄したからと言って、大勢を動かしたというような事は無論あり得ない事です。しかし国民全体の意気がこんなにまで高潮していたからこそ、我から進んで求めた平和交渉でありながら、満洲に於けるロシアの利権を引き継ぐことが出来たばかりか、樺太の半分まで獲得したのは全く成功というべきではありませんか。焼き討ち事件など何時までも気にしていても始まりません。政府が自ら招いたものと諦めるべきでしょう。国民も今こそ騒いでいますが、追って講和会議の内情を知ると共に自然に静まり納得してくると思います。私も出来る限り平静になるよう尽力しますが、今の時勢はそう心配すべき事とも思いません。閣下もよく御塾考願います」

山本は「ウン」と一言唸ったきりで無言の点頭をしてしまった。

山座にしてみれば曾ての同志であった対露主戦論者・河野広中、小川平吉、大竹貫一らが騒擾罪《そうじょうざい》に問われて下獄している事情を山本辺りが曲解しているのも歯がゆいから、説明に気迫と情熱が籠ってくる。山本も押されて喧嘩は負けになった。

いずれにしろ、国家の為に信じたことで真っ直ぐに上長に向かって行く気力は、吾人がよく学ぶべきことであろう。

こんなこともある。

焼き討ち事件の一味と睨まれていた海軍の上泉徳弥が、

「山下源太郎（のちの大将）と待っているからポーツマスの話を聞かせてくれ」というと、

「ウン、君達だけなら話そう」

という訳で上泉家に三人が寄った。

劈頭《へきとう》！上泉と山下のことだ、

「オイ山座、一体君は何故アメリカで死ななかったんだい、それとも途中で外交官を辞めて帰らなかったんだ。あんなつまらぬ講和ッてあるか！」

と被せるように怒鳴ると、山座はカンカンになって、

「何を貴様たちは言う。お前たちは日本に居りながら何故解らん奴らと一緒になって騒いでいるのだ。『もうこれ以上は戦争は出来ない、やらないというなら樺太もいらない、何でもいいから早く纏めて帰って来い』というから、俺は泣き泣き帰って来たのだ」

と、ひどい剣幕で叱り飛ばしてから、絶対に死んでも話せないのだがと言って、ポーツマス講和会議中の悔

しかったこと、歯がゆかったことを、山座が悔し涙にくれながら話すので、とうとう三人とも相擁して泣き出しながら二時ごろまで飲んだ。

酒が足りなくなって女中が二時過ぎに酒を買いに行ったが、夜もしんしんと深けていたせいもあったろう、

「これは秘密だがね」

「これは秘密だがね」

という秘密話が二、三丁先まで聞こえるのでびっくりして帰って来た。

(六)吉岡連隊長の霊に手向く和歌一首

日露講和は結ばれた。小村は病躯を押して一九〇六（明治三十九）年一月、北京に乗り込んだ。即ち日露講和条約によって獲得した満洲に於ける我が権益をそのまま清国政府に承認させるため、清国全権委員・慶親王、袁世凱などを相手に前後二十二回の談判を重ね、遂に日露戦争の締めくくりをつけてしまった。一方、桂内閣は更迭し（一月七日）、西園寺公望公が総理大臣となった。山座は新外相・加藤高明の下で依然として政務局長として小村の満洲経営計画と大陸政策の遂行を加藤外相に引き継ぐ使命を帯びていた。

西園寺総理は同年四月、大阪鉄道、陸、海、農務省などの次官、局長連を従えて満洲視察の途に就いた。

春浅き満洲の四月、戦雲漸く納まり同胞の鮮血の上に南満洲鉄道は満洲経営の大動脈として疾駆していた。満洲人の中に飛び込んで仕事をする日本人も各地で増えてきた。血によって購える大陸発展の第一線を確保

するため九州人はもっとも積極的に活動し始めていた。
山座は西園寺総理に従い四月二十日大連に上陸した。大蔵省からは学生時代のクラスメート若槻礼次郎が矢張り局長として同行していたので、何れも酒豪のこととて飲んでは語り合った。

しかし山座は若槻と違って、否一行の中でも、この満洲視察には特別に感慨深いものがあった。貧乏書生時代に先輩を訪ねて議論を闘わして、これからの満洲、支那が男の死に場所だと聞いてから朝鮮で外交官補として遥かに臨んだ満洲、そのうちに日、清、露の三角地点として風雲ただならぬところとなった満洲、小村外相の懐刀として簡抜されて、いよいよ膺露陣営の第一線に立って民間志士と結託して元老に睨まれ、講和会議から抱いて帰った苦悩不満も当事者とあらば世に発表も出来ないし、帰国草々ハリマンの南満洲鉄道共管を打ち破った快哉、いろいろ走馬灯のように思いが浮かんでは消えていく。しかし戦勝の国民がこれから満洲平野に出かけて行って仕事し易いようにせねばならぬということに及べば「平和の戦いはこれからだ」と感じ、身が急に引き締まるのであった。特に小村はもう閣内にはいない、それだからからこそ大陸政策の捨石となる覚悟で頑張ろうと、夜は更け果てしなく黒ずんだ広い満洲広野に鋭く輝く星を仰いで心中ひそかに誓うのであった。

関東総督・大島義昌大将は上京、参謀長・落合豊三郎少将も留守だったので、西園寺総理一行を迎えた関東府では西川虎次郎主任参謀が各省の次官局長らに会見する事になっていた。
四月二十七日遼陽で一行から総督府の施設について各関係官に会いたいという通知があった。受け取った西川は直ちに少年時代の友人であり、湖月会の同志である山座を訪ねて、総理一行の訪満理由を詳細に聞いた。

山座はまた懇切に何もかも打ち明けてくれたので、西川は一行との正式会談のとき非常に都合よく簡単に済ますことが出来た。

その日の午後山座が、

「西川君、吉岡の所をお参りしたいんだが、案内頼む」と言った。

吉岡とは奉天会戦の時三軒屋の死守を命じられ、第三十三連隊を率いて悪戦苦闘、自ら長剣を抜き、虎髭を振って叱咤奮戦、雷の如く風の如く縦横に斬りまくり、連隊全滅と共に自らも敵弾に倒れた勇猛吉岡友愛連隊長。山座とは幼少より刎頚の友、福岡のわるそうを共に発揮した中で、義弟にさえあたる。

吉岡の眠る遼陽は、死後軍神として奉られた橘周太中佐の戦死した激戦場で、合祀所に到る道には過ぎし砲車の轍の跡が深々と残っており、樹木という樹木は弾丸に剥がれて無残な様を呈し、我が兵か、敵兵のものか判別しないが、歩む足の下から骨片や被服の一部が現われるという―強者どもが夢の跡の感は一入に深い……山座は黙々として歩む。西川もその胸中を察して無言である。

合祀所には吉岡大佐のほか無数の我が名誉の戦死者の墓が浅春の広野の肌寒い風の中に祀られ、香煙は風に流れている。香を焚いて深々と頭を下げて幼少よりの親友であり義弟である吉岡の霊を拝する山座は万斛の感に打たれて、何時までも頭を上げなかった。やがて山座は内ポケットから手帳を出し、書いて西川に示したのが、

遼陽の野辺ににほえる名なし草　手折りて君の魂や祭らん

資料１２　吉岡友愛大佐銅座跡
（福岡市中央区西公園内にあり・著者撮影）

の一首であった。

吉岡の霊ばかりでなく、合祀所に祀られる無名戦士者の霊をも忌う詠歌であった。西川はそれを紙片のまま吉岡の霊前に捧げた。大陸政策という理論的立場から心を砕いて来た満洲に、吉岡という肉親の血も流れ魂魄も留まるに至ったのだ。

満洲に、大陸に捧げる山座の熱情が一層強くなるのも無理はない。間もなく山座は、西園寺総理が満洲から京城に出て伊藤統監と会見して帰京したのと一緒に東京に帰った。

一九〇六（明治三十九）年五月二十二日より伊藤主導で元老や内閣、軍上層部を集めて開催された「満洲問題に関する協議会」に於いて、伊藤ら文治派の主張が児玉源太郎ら武断派の抵抗を退け、軍政から民政への移行の方針が決定された。憩う暇なく六月半ば、山座は福島安正参謀次長と共に通訳船津辰一郎（のちの上海紡連合会理事長）を伴い再び渡満し、安東県を振り出しに奉天、鉄嶺、新民府、営口と満洲各地の軍政引き継ぎ事務を列車の中で終了して帰京した。同年九月一日、「関東総督府」が廃止され、旅順に移転・改組された「関東都督府」になった。

関東都督府は関東州の統治と防備を受け持ったが、天皇直属であった関東総督府時代とは異なり、政務や軍事の各権能について外務大臣・陸軍大臣・参謀総長・陸軍教育総監らの監督を受けることとされた。また、南満洲鉄道株式会社（満鉄）の業務監督や満鉄附属地の警備も行った。これ以降、満洲統治は関東都督府と領事館（外務省）と満鉄によって担われることとなったが、それぞれが権限を主張し、行政の一元化を妨げることとなる。また、都督は軍人であるので、関東州駐屯軍司令官も兼ね強大な権限を持ったのである。

（七）頭山、杉山両翁と山座

黒幕的存在と世人に畏怖されながら明治、大正、昭和と我が国が面した大変動に当たって、座って居ながらも強力な推進力の役割を務めて来たのが、頭山満、杉山茂丸翁である。福岡が生んだこの傑士を更に幾多の俊才、偉材が囲んで、時に応じ、事に臨んでズバリズバリとやりのけて来た。この傑才、偉材たちと山座が何處まで相許していたか、彼らの中における山座の地歩はどんなものであったのであろうか。

先ずは頭山満翁との逸話を紹介しよう。

ある時、福岡・修猷館の学生の広田弘毅（のちの首相）と平田知夫（のちの外交官）が旧制第一高等中学校を受験するために上京した際、進藤喜平太翁の紹介状を持って郷党の大先輩頭山翁を訪問した。行儀よく坐って待っていると頭山翁が現れ二人の前の火鉢に手をかざし座った。

「あんたたちは何になるつもりナ」

「ハイ、外交官になりたいのです」

異口同音に答えた。年少の両人には三国干渉が憎むべき事件で、この失敗を挽回する為に外交官を志望したのだと。それを聞いて頭山は、

「わしは役人と金持ちは嫌いだ。大体今の人間は皆役人になりたがって困る。世の中というものは例えば丁度船のようなもので、皆が役人になれば左舷が傾くのじゃ。だからわしはたった一人しっかり右舷の方に頑張って船のひっくり返るのを防いでいるのじゃ。分かったかナ」と語った。

坐ったとたんの禅味たっぷりな話に二少年は少し筋の諒解に苦しんでいたが、頭山は語を継いで、

「わしは、役人は心から好かん、しかしあんた達が外交官になるならこの人を見習いなさい。この男は偉い人だゾ」

筆を取って書いてくれた紹介状の宛名は「政務局長山座圓次郎様」とあった。

次に杉山茂丸翁との逸話である。

日露の講和条約が済んで天下は太平になった折、天下の大山師といわれる杉山茂丸翁と、これを取り巻く志士と称する連中が築地に豪壮な邸宅を構えて住んでいたが、そこはさながら浪人長屋の観を呈していた。

これは面白いと直感したら夜昼となく駆けずり回る杉山だが、とある昼下がりいつになく縁側で陽を背中に受けながら来訪の谷彦一（のちの代議士）と若い河内卯兵衛（のちの福岡市長）と雑談していると、そこへ生垣の外から声をかけた者があった。

「杉山、居るナッ」

「居るゾッ」

の答えに枝折戸を押して無造作な格好で男が入って来た。

「杉山、小村がポーツマスから帰る時考えてきた戦後経営の中に、博多を築港してロシアへの大陸用兵の拠点にするという計画があったぜ。あれは要らんナ」

「そいつは面白い、俺の博多築港計画の参考になる、是非見たいもんだ、見せて呉れんか」

「ウヌ、そんなら取っておこう」

話はたったこれだけで、辺りのものに挨拶なく、杉山にもさよならも言わずに帰って行った。余りの無造作な応対に谷らは何者ならんと目を見張った。それが山座だった。

（八）韓国及び支那の亡命政治家

山座は政務局長の間、韓国と清国の亡命志士の問題の処理に当たっている。

先ずは韓国の亡命志士のことであるが、当時我が国では一八八四（明治十七）年の朝鮮甲申《こうしん》の変で亡命してきた朴泳孝《ぼくえいこう》と金玉均《きんぎょくきん》が時の来るのを待っていた。

外交上の負担として考えていた当時の日本政府の立場から、金らは東京や札幌、小笠原諸島などを転々とした後、上海に渡るが、一八九四（明治二十七）年三月二十八日、金は上海で閔妃の刺客洪鐘宇《ホンジョンウ》にピストルで暗殺された。遺体は清国軍艦咸靖号で本国朝鮮に運ばれ凌遅刑に処された。

五月三十一日、閔氏政権に不満をもつ農民が蜂起し、甲午《こうご》農民戦争が勃発した。農民軍は全州を占領したが、統治能力を失った閔氏政権は宗主国清に軍の出動を要請。清の軍隊が朝鮮半島に駐留することを嫌った日本政府は、日本も朝鮮へ出兵することを決定した。

時過ぎて一九〇五（明治三十八）年一月、日露戦争中、玄洋社の平岡浩太郎は神鞭知常（山座の岳父）と謀って、平岡は韓国へ、神鞭は清国へ渡って民間外交を以て政府外交を援助しようとし、伊藤公、桂首相、小村外相などを説き、山座政務局長をして内部より斡旋させたが、政府の賛成を得られなかった。

偶々伊藤公が神鞭の支那行を好まなかったということが分かって、二人を交代させ、内田良平が伊藤公に説いて同意を得、平岡は北京に、神鞭は京城に行って側面外交を行った。神鞭は日本に接近する韓国人の組織固めに尽力したが、この年の六月二十一日に死亡してしまった。

しかし、その遺志継ぐものに内田良平がいた。内田は同志十四名と東学党に投じ、以来朝鮮問題に没頭していたのである。同年十二月下旬、いよいよ韓国に統監府が設けられ、統監として赴任が決まった伊藤公に杉山茂丸が内田を推挙し、内田は韓国情調査嘱託として翌年三月、京城に赴任し、専ら神鞭の遺した仕事に専念した。

一八八四（明治十七）年の甲申の変で辛うじて命が助かった李容九《りようきゅう》は、日露戦争のとき進歩会を組織して日本軍隊を援助し、後、閔妃の変以降日本に滞在していた宋秉畯《ソウヘイシュン》と協力して一進会を組織した。この一進会に対しては内田が顧問になったりして力を入れたが、統監府内の不統一のところに、韓国人らの離間策に拘わっていた長谷川大将が一進会を白眼し、引いては伊藤統監も一進会を警戒し始めた。また、一進会内部でも宋秉畯が望月竜太郎の策略に拘わって密かに在日の朴泳考を迎えて一進会総裁にしようという動きが出始めるというごたごたが出て来た。

内田は一九〇七（明治四十）年上京し、二月一日山座を自宅に訪問、次いで外務省で倉知鐵男参事官を交えて山座と協議した。内田が朴泳考の帰韓に反対する理由は、一進会は東学党の開祖より貴族政治撲滅を目的としており、貴族に属する朴を迎えれば一進会は四分五烈になるというにあった。日露戦争の際の日本軍援助などで財政の窮乏した一進会を援助し、韓皇の廃立を一進会に当たらせるというのが内田の真意であった。この内田の進言に対して、山座は政府の決断を以て朴を帰韓させないと答えた。

尚、韓帝ハーグ密使事件（オランダのハーグで開かれた第二回万国平和会議に韓国皇帝・高宗が密使を派遣し、第二次日韓協約の無効を世界に訴えようとした事件）に端を発した韓帝退位、日韓新協定などは山座が政務局長在任中に処理したものである。

ちょうどその頃、中国独立の志士孫文についても問題が起こっていた。

日露戦争の結果、敗戦国清朝の権威は更に堕ち、財政は崩壊の一路をたどってきた。亡国の恐怖は全支那を含み、満洲朝廷の腐敗は到底救えないものとなった。この国情を座視するに忍びず孫文は革命運動に投じ、間もなく実行運動を試み失敗して欧米を巡って日本に亡命した。

この時、日本の志士と支那革命党とが結ばれた（明治三十二年）。そしてその翌年に義和団の乱が起こった。革命党は再び広東省恵州に兵を挙げた。この起義に青天白日旗が初めて革命軍の軍旗として陣頭に翻ったが、これも恨みを呑んで失敗に終わった。

その頃革命運動の中心勢力として孫文の興中会の外に華興会《かこうかい》と光復会があり、いずれも東京に本拠を置いて活動していた。

華興会は黄興《こうこう》や宋教仁《そうきょうじん》を中心として組織された民主主義革命の結社で、広東柳州に起こした暴動に敗れて日本に亡命し、東京で機関雑誌『二十世紀の新支那』を発行して革命思想の宣伝を試みていた。

光復会は支那学の大家章炳麟《しょうへいりん》を中心とした秘密結社で、伝統的支那学を基礎とする革命を唱えていた。その思想は孫文や黄興党の主張とは全く出発点を異にし、支那本来の革命を光復するというにあったが、期するところは同じく清朝の打倒にあった。

かくて日露戦争の頃には革命の志士は流れるように日本に集まって、東京は支那革命の策源地となっていた。

日露開戦と聞いて二度目の欧州の旅行に上っていた孫文は東京に帰り、同志宮崎寅蔵（滔天《とうてん》）に「支那から亡命している者、或は留学中に共に事を為すべき有為の人物があれば紹介して呉れ」と頼んで、日本の志士仲間では黄興を第一の人物と認めていたから、早速、末永節などが中に入って、孫、黄の初対面は行われ、興中会、華興会、光復会など革命諸派の大同団結が図られ、甘粛省を除く全国十七省の代表による討議を経て、八月二十日に東京で結成大会が開かれ、「中国革命同盟会」の成立を見るに至った。加盟者は三百余名に上った。

孫文は推されて総裁となり、黄興は実行部長に。執行、評議、司法の三部を置き、各省の責任者を決めた。宋教仁、胡漢民、李烈鈞らが幹部となり、東京に本部を置き、支部を上海、香港その他の主要都市に、分会を海外各地に設け、民族・民権・民主の三民主義を綱領とする宣言を海外に飛ばした。十一月、機関誌として『民報』を発行し、章炳麟が主筆となって健筆を揮い、宋教仁、汪兆銘が編集に当たった。

孫文は「発刊の詞」において、初めて民族・民権・民生の三大主義（三民主義）の理論体系を明確化した。発行部数は四、五万に上り、密かに中国国内に持ち込まれて、支那本国の青年までが争って購読し革命主義の啓蒙に成功を納め、共同戦線の整備は革命陣営の一大躍進であった。

孫文は手記に「これより革命の風潮は一日千丈」と喜びを記し、血気の志士、留学生たちは「我らは既に清朝を踏み潰した」と気焔を挙げていた。更に革命の父孫文、黄興の握手は日本志士によって果たされ、東京は滅満興漢、新興支那建設の一大揺籃地の観を呈し、革命の情熱に燃えた支那青年は我が民間志士に薫陶を受け、後年国民政府の要人として活躍する魂の素地を作っていた。まさに天下の一大偉観であった。

資料１３　孫文

同盟会が成立してからは支那革命思想が次第に清朝治下の支那人の頭脳を支配するようになり、一九〇六（明治三十九）年の萍郷《ひょうきょう》事件をはじめ、中国南方を中心に数次の反清武装闘争が展開された。

そこで清朝は、各地反乱の首謀は同盟会であるから革命党員一味に退去命令を出してくれと、日本政府に迫って来た。ある日、上京中の伊藤博文朝鮮統監に清朝の慶親王が親書を送って孫文を国外に放逐してくれと依頼して来た。伊藤もこの依頼には何とか良い工夫はあるまいかと赤坂霊南坂の官邸でその親書を内田良平に見せて相談した。すると内田は、

「孫文は前から日本が支那の革命を助けて呉れれば満蒙を日本に譲渡すると説き回っているから、恐らくこの情報が北京に達したのであろうと思われる。支那の革命派孫文を日本から放逐しても到底防ぎ止める事の出来ない形勢となっているから、日本政府が此の際支那の革命党を圧迫するのは将来不利である。寧ろ孫文を自発的に退去させる策をとられたら宜しかろう」

と意見を述べた。

「自発的に退去させることが出来れば、それに越したことはない」

「それは私が引き受けましょう」

と答え、その足で外務省の山座を訪ねて一部始終を述べると、

「出来るか」

「出来るが条件がある。それは三年くらい経ったらまた来ても差し支えあるまいな」

「それは構わない」

それでは後日の為にと通商局長・倉知繁吉を証人として念を押し、直ぐ宮崎寅蔵と協議の上、孫文を牛込地の寓に訪れて承知させた。内田はその際山座より七千円を出させ、これを内田の私金として、六千円を孫

文に与え、千円を投じて赤坂の三河屋に黄興、宋教仁、章炳麟らを主とした革命党員と日本同志を加えた六十余人を招き、極めて豪華盛大な送別会を開いた。孫文はシンガポールに旅立った。一九〇七（明治四十）年春の初めごろであった。

これは、伊藤公が介在していたとはいえ、大体に於いて孫文に対して支援するものは、頭山、犬養ら民間人で、政府は頗る当惑顔の時であるから、内田の案を山座が直ちに実行したことは、矢張り内田＝山座の玄洋社コンビなればこそ出来たことであろうと思われる。

一九一一（明治四十四）年十月十日夜の九時、革命党は左腕に白布を撒いて印とし、突如、武昌城の一角に火の手を上げ交戦二時間にして武昌は革命軍に落ちた。越えて十三日、疾風枯葉の如く漢口漢陽を占領した。この風を望んで、湖南、広東はじめ、独立を宣言するもの十余省、忽ち革命勢力は全国の大半を制してしまった。

革命党の勝利が伝わるや、この機会に清朝多年の積弊を除き、支那の更生を図るべきであると犬養毅が古嶋一雄を従え十一月、次いで十二月頭山が、浦上正孝、美和作太郎（玄洋社理事長）、藤井種太郎、柴田麟太郎、小川運平等を引き具して上海の豊陽館に陣取った。参謀本部から本庄繁少佐、陸軍から井戸川辰三少佐も来て情勢を探っていた。

「頭山来る」との報道は、革命軍に百万の援軍と同様の力強さを感じさせた。上海の宿舎に嵎《ぐう》を負う猛虎のように黙々として、髭鬚をそよがしている頭山の姿を望んでは、革命軍援助に名を借りて日本人の悪癖である火事場泥棒をやっていた連中もピタリと鳴りを潜めてしまった。孫文は欧米から帰国して頭山、犬養が革命援助に来ているのを知り、その信義の厚いのに両巨頭の手を取って泣いて感激した。

一九一二（明治四十五）年一月一日、孫文は南京で臨時大総統就任式を挙げた。東京から届いた鐘は四百余州に響き渡り革命支那に黎明は訪れた。

「支那とは何だ！」とはバルフォア卿が列国全権の並みいるワシントン会議の席上で発した有名な言葉である。我々にとっても「支那とは何だ！」こそ回答を求められた永遠の命題であろう。

（九）韓国併合

小村外相の発意で山座と共に推進した「韓満施設綱領」の一つに韓国統治がある。それが韓国併合に至るまでの経緯について見てみよう。

日本は、日清戦争で勝利して、翌年の下関条約で清朝の朝鮮王朝に対する宗主権を放棄させた。しかし、ロシアが三国干渉によって遼東半島を還付させたことで朝鮮でも親ロシア派が台頭、焦りを感じた日本が一八九五（明治二十八）年、親露派の閔妃を殺害するという閔妃暗殺事件を起こしたが、却って反発を受け後退した。

一八九七（明治三十）年、朝鮮王朝は独立国であることを明確にするため、国号を大韓帝国と改めた。ロシアはその後も満洲出兵など、朝鮮・満洲への進出を強め、一方、日本はイギリスとの日英同盟締結を背景に日露戦争に踏み切った。

日本はその戦争中と戦後にかけて、韓国との間で三次にわたる日韓協約を締結して、保護国化を進め、その外交や軍事という主権国家としての権限を奪うことに成功した。それに対して、韓国では激しい抵抗が組織され、義兵闘争（朝鮮で行われた侵略者に対する民衆の抵抗運動）が一九〇五（明治三十八）年から続けられていた。

初代韓国統監となった伊藤博文は、当初は韓国を保護国としたまま独立を維持させる方針を執っていた。それは日露戦争の建前が「韓国の独立を守るためにロシアと戦う」というものだったからである。しかし、激しい義兵闘争が続き、経済的効果も期待したほど上がらないところから、伊藤の統監政治は生ぬるい、韓国を「合併」或は「併合」し完全に一体にすべきであるという意見が強まってきた。政府中枢でも桂太郎や小村壽太郎がその考えに傾き、伊藤を説得した。その結果、伊藤も同意し、日本政府は一九〇九（明治四十二年）七月、適当な時期に韓国を併合する方針を閣議決定した。

当時の国際情勢の動向をみると、政府が最も警戒したのは列強の干渉であったが、ロシアとは一九〇七（明治四十）年、日露協約の秘密協定で満洲の分割とともにロシアの外モンゴルと日本の朝鮮に対する権益の相互承認で合意しており、またイギリスとは第二次日英同盟でイギリスのインド支配を認める代わりに日本の韓国支配の承認を受けていた。またアメリカとの間では一九〇五（明治三十八）年、桂＝タフト協定でアメリカのフィリピン支配と日本の朝鮮支配を相互に承認した。このように日本の韓国併合に対する非難が起こらないという国際情勢を見極めて、それは実行に移された。

そのような中で一九〇九（明治四十二）年十月に初代統監・伊藤博文が満洲のハルビンで安重根に射殺さ

れると、それを利用して一気に併合を実現させた。

韓国内の親日団体であった一進会は「劣等国民の名を脱するためには大日本天皇の皇澤に頼るべきである」と声明し、合併を申し出た。日本政府は、日本はそれ以前に併合を決定していたのであるが、暗殺事件は併合の口実とされ、合邦声明書は韓国からの要請で併合したのだと見せかけるための操作であった。

日本の第三代韓国統監・寺内正毅は、一九一〇（明治四十三）年八月二十二日、韓国の李完用首相に「韓国併合に関する条約」の調印を迫り、ただひとりの閣僚が反対したのみで、閣議は条約調印を承認した。ここでも条約に正当性をもたせる必要があった。

「韓国併合に関する条約」は、一九一〇（明治四十三）年八月二十九日に公布された。

それは、次のようなものである。

日本国皇帝陛下及韓国皇帝陛下ハ両国間ノ特殊ニシテ親密ナル関係ヲ顧ヒ相互ノ幸福ヲ増進シ東洋ノ平和ヲ永久ニ確保セムコトヲ欲シ此ノ目的ヲ達セムカ為ニハ韓国ヲ日本帝国ニ併合スルニ如カサルコトヲ確信シ茲ニ両国間ニ併合条約ヲ締結スルコトニ決シ之カ為日本国皇帝陛下ハ統監子爵寺内正毅ヲ韓国皇帝陛下ハ内閣総理大臣李完用ヲ各其ノ全権委員ニ任命セリ因テ右全権委員ハ会同協議ノ上左ノ諸条ヲ協定セリ

第一条　韓国皇帝陛下ハ韓国全部ニ関スル一切ノ統治権ヲ完全且永久ニ日本国皇帝陛下ニ譲与ス

第二条　日本国皇帝陛下ハ前条ニ掲ケタル譲与ヲ受諾シ且全然韓国ヲ日本帝国ニ併合スルコトヲ承諾ス

第三条　日本国皇帝陛下ハ韓国皇帝陛下太皇帝陛下皇太子殿下並其ノ后妃及後裔ヲシテ各其ノ地位ニ応シ相当ナル尊称威厳及名誉ヲ享有セシメ且之ヲ保持スルニ十分ナル歳費ヲ供給スヘキコトヲ約ス

第四条　日本国皇帝陛下ハ前条以外ノ韓国皇族及其ノ後裔ニ対シ各相当ノ名誉及待遇ヲ享有セシメ且之ヲ維持スルニ必要ナル資金ヲ供与スルコトヲ約ス

第五条　日本国皇帝陛下ハ勲功アル韓人ニシテ特ニ表彰ヲ為スヲ適当ナリト認メタル者ニ対シ栄爵ヲ授ケ且恩金ヲ与フヘシ

第六条　日本国政府ハ前記併合ノ結果トシテ全然韓国ノ施政ヲ担任シ同地ニ施行スル法規ヲ遵守スル韓人ノ身体及財産ニ対シ十分ナル保護ヲ与ヘ且其ノ福利ノ増進ヲ図ルヘシ

第七条　日本国政府ハ誠意忠実ニ新制度ヲ尊重スル韓人ニシテ相当ノ資格アル者ヲ事情ノ許ス限リ韓国ニ於ケル帝国官吏ニ登用スヘシ

第八条　本条約ハ日本国皇帝陛下及韓国皇帝陛下ノ裁可ヲ経タルモノニシテ公布ノ日ヨリ之ヲ施行ス右証拠トシテ両全権委員ハ本条約ニ記名調印スルモノナリ

つまり、韓国皇帝が日本天皇に譲渡したとして、韓国併合を実現した。このように「任意的併合」の形式をとったのは、すでに保護国である韓国に対し「強制的併合」を行う訳にはいかないという国際法上の制約によるものであった。また、韓国側は「韓国」の国号と、皇帝に王称を与えることに固執したが、日本政府は、前項は認めず、名称を「朝鮮」とし、退位する皇帝純宗には「王殿下」の称号を与えた。

ところが、日本と韓国国内では併合条約公布（八月二十九日）まで秘密にされ、韓国では報道規制が敷かれ、注意人物数百人の事前検束などが行われた。日本では領土拡張を喜ぶ世論が多く、歴史学者は「日鮮同祖論」などを発表して併合を合理化した。

一個の独立国が自ら申し出た形で併合されたのは、アメリカのハワイ併合と日本による韓国併合の例のみである。

（十）日露戦争と筑前人

「さァ、今日は演題を掲げて俺も演説するゾ。演題は日露戦争と筑前人だ」

ポーツマス講和会議あとの騒ぎも片づき全国民が平和を喜ぶようになった一日、ブラリと浩々居にやって来た山座は、居生一同を集めて演説をし始めた。これまでの断片的な話し方と違って系統的なもので一語一語熱を帯びたものであった。筑前人の名前が次々と挙げられる。

曰く、「宣戦布告を叩きつけた駐露公使・栗野慎一郎、対米交渉で活躍した金子堅太郎、レーニン、トロツキーを躍らせロシア撹乱を企てた明石元二郎大佐、浪人組として対露主義の世論を喚起した頭山満、平岡浩太郎、参謀本部で対露作戦に熱中し、将来の参謀総長と折り紙付けられた尾野実信、更に民間の行動隊としてシベリア鉄道破壊その他の裏面工作に当たった満洲義軍の有志であり、最後に日英同盟成立からポーツマス講和会議にと働いた私自身…」

日露戦争に浮彫のように次から次へと浮いてくる筑前人の重要な活躍ぶりに、乃木公出でずんばの気概と蓋世の熱情を追いて勉学している学生たちは、聞いているうちに拳を握り、膝を叩き、瞳を輝かして感奮するのであった。

「ウン、俺たちもあんなに国家の為に働くようになるぞ！」

彼ら浩々居の連中は、山座が全権大使として支那に行くついでに帰福すると聞いては博多駅頭まで送迎に押し掛けたものである。

山座は故国を去る最後の日まで彼らと一緒であった。青年の純真溌剌さを愛する心こそ精神の老いぬ所以でもあったのだろう。

第四章　英国大使館参事官時代

――イギリスの世論を抑え同盟拡充に成功――

「日本の外交は支那外交に尽きる。それには支那を研究する事が必要である。支那を研究するには日本から見た支那、支那に居て見た支那だけでは天地が狭い。イギリスから支那を見る、アメリカへ行ったらアメリカから支那を研究する。そうして初めて日本及び支那の国際的立場も明らかになる。その心掛けで東洋に於ける日本の外交というものを確立しなければならぬ」

と、小村は山座に支那の見方を教え、日本外交の行く道を教えた。

山座は第二の小村たらんことを期して小村の教訓を身を以て体験しようと心掛けていた。

一九〇八（明治四十一）年六月六日、山座は英国大使館参事官に転じた。四十一才。

三十四才で政務局長になってから足掛け八年、その間に日英同盟、日露戦争、韓国併合と明治外交の重要問題に参画して、豪腹鬼才の名を挙げてイギリスに赴任する事になった。

在職八年の本省政務局長の要職から未練気もなく単なる一大使館参事官に転じるのだから外務省の口さがない連中は、当時の外相・林董が山座の下にいた通商局長・石井菊次郎を外務次官に抜擢したので気を腐らせて海外に出るのだと噂したのである。しかし山座はそんなことをなんとも思っていなかった。ロンドンには小村が大使として頑張っている。然も当時の我が対英外交の中心には日英同盟条約拡充改定という重要問題が横たわっている。小村の下で、自分達が創作した日英同盟を拡充するため奮闘すると思えば、彼は心を躍らせて赴任を喜んだ。その眼中には地位も何もない。ただ国家あるのみで一片の私心を留めていない。それに山座は日露戦争以来、激務と深酒ですっかり健康を損ねていた。健康回復の為にも海外に出ることは得策だった。

「伊集院彦吉が先に海外に『出て行く出て行く』というので何時までも決まらないから、腕力で勝ったものが先に海外に出ることにしようという訳で、取っ組み合ったら負けたから伊集院を先にやったが、やっと今度こちらもロンドンに行くことになった」

と、知人を噴出させながら賤香夫人同伴でロンドンに向かった。

ところがロンドンに着く前に西園寺内閣は倒れ、第二次桂内閣が出現するや、小村は再び外務大臣となり、加藤高明が駐英大使となった。小村・山座のコンビから、加藤・山座のコンビと変わって対英外交の為に働いた。

先の一九〇五（明治三十八）年七月二十九日、桂＝タフト協定が締結され、第二次日英同盟改定は八月十二日にロンドンにて調印された。

第二次日英同盟では、イギリスのインドにおける特権と日本の朝鮮に対する支配権を認め合うと共に、清国に対する両国の機会均等を定め、さらに締結国が他の国一国以上と交戦した場合は、同盟国はこれを助けて参戦するよう義務付けられた（攻守同盟）。

一九一一（明治四十四）年七月十三日には第三次日英同盟改定がロンドンにて調印された。

第三次日英同盟では、アメリカが交戦相手国の対象外に定められた。ただしこの条文は自動参戦規定との矛盾を抱えていたため、実質的な効力は期待できなかったが、これは日本、イギリス、ロシアの三国を強く警戒するアメリカの希望によるものであった。

第三次日英同盟協約は更に有効期間を延長し、東西局面の推移に順応せしめつつ、極東永遠の平和を確保するため締結されたのであるが、当事イギリスでは政府の当局者は兎も角、民間の一部には我が国に対する熱情が冷却して同盟不要論さえ聞かれる時だったから、この条約を継続させた当局者の努力、我が駐英大使館の奮闘は没する事は出来ない。

加藤大使は小村外相に次のように報告している。

「蓋し英国政府に於いて今日日英同盟継続を希望するのは主として海軍の関係に基づく儀にて右以外には適切なる利害を感じ居らず、翻って英国国民の感情を察するに彼らは素より我が国に対し曩日の如く一般に且つ熱誠なる好感情を有せずどうもすれば日本は同盟を自己の利益のみに利用し、却ってその精神に反して清国の領土保全を害し、満洲の利益を壟断せんとするもの也と攻撃し、特に政府部内には幸徳秋水事件等より我が国を以て野蛮なる専制国と誤認し、かかる国と同盟を結ぶは英国の恥辱なりと竊かに憤慨する者少なからず」

こんなイギリス内部の情勢に拘わらず、この第三次協約によって日英親善の増進、両国民の友愛の至情を結ぶことが出来たのは大成功であった。

山座には日英同盟は創作時代より終焉まで尽きざる因縁があったものといわねばならない。英国大使館の陣容は、大使・加藤高明男の下に参事官・山座、一等書記官・芳澤謙吉（のちの外相）、二等書記官・松平恒雄（のちの元宮相）、二等書記官・広田弘毅（のちの首相）、小村欣一（のちの侯爵）、海外駐箚財務官・富田勇太郎（大蔵省専売局書記・のちの満洲興銀総裁）、駐在武官・原口初太郎（のちの代議士）の多士済々、我が国外交界の逸材が殆んど網羅されていた。

特に山座の部屋には富田、原口、広田などが呼ばれ、何れも福岡出身のこととて博多弁丸出しの談論風発で日本大使館というよりは福岡大使館の観さえあった。山座は年少の広田に「外交官となったら十年間は決して外交の事を口にするな。ただミッチリ勉強しろ」といつも厳重な訓戒を与えていた。

ロンドン在勤中に山座夫妻にとって深い思い出となったのには、ジョージ五世戴冠式に揃って晴の参列を許されたことと、松平二等書記官に勢津子姫が誕生し、子のない賤香夫人が我が子のように世話したその姫が、のちの秩父の宮妃殿下となったことである。

資料１４　駐英大使館時代
前列左より二人目 芳澤謙吉、三人目 山座圓次郎、後列左より五人目 広田弘毅
（出典：『山座円次郎伝』）

第五章　駐華特命公使に就任

第一革命勃発前後の我が対支外交はどうなったかといえば、小村が日露戦後北京に乗り込んで決めた北京条約の未解決のものを、内田康哉駐支公使をして片付けさせようとしたが、清朝の実権を握っている袁世凱（付記参照）が親日の仮面に隠れて、裏ではアメリカと結び策動してなかなか埒が明かない。林権助が駐支公使となって交渉したが此れも駄目、そこで小村は伊集院彦吉を駐英大使館参事官から駐支公使に起用し、対支外交の第一線に立てた。

伊集院は霞ヶ関の人材中でも線が太く重味がある上、特に袁世凱とは特別懇意の間柄だから適任者と目されたが、友情と国家の外交を一緒にしたりするような袁じゃない、旧誼に照らしてもそう無誠意な態度を示さないだろうと伊集院が予期して、辛抱強く機会を待つうちに、老獪な袁はアメリカの奉天総領事・ストレーと結んで米支の接近によって日本を圧迫せんとしたり、イギリスのボーリング商会とともに法庫門より新民屯に至る満鉄併行線を布いて満鉄経営を不利に陥れ、日英間を疎開させようと反日工作をやったりと、我が対支外交陣をてこずらして来た。

そのうちに光緒帝及び西太后が相次いで没し、三才の小児たる宣統帝が帝位に就き、生父醇親王が摂政となるに及んで、袁世凱は職を免ぜられてしまった。袁を頼みにしていた我が対支外交陣にとっては、命の綱が切れた形で、宙に迷っていた時に革命党の武昌占領が伝えられた。

革命党挙兵の報に清朝では右往左往の狼狽ぶりで、免職した梟雄袁に上諭を下し「袁世凱を欽差征討大臣に任じ、征南の軍務は凡て中支の制御を放れて袁一個の機略に委せる」旨発令した。

袁が朝廷に露ほどの忠誠を感じていないことは誰の眼にも判っていた筈なのに、崩壊前の周章から意外な起用令を下し、しかも征南の兵権を授けただけでなく天下活殺の大権まで託してしまった。

資料１５　袁世凱

ところが袁は飽くまで曲者だ。上論が下って一ヵ月しても袁は朝廷の焦慮、矢継ぎ早の敗戦も知らぬふり。そしていよいよ革命軍も軍資金が薄いので勢力が衰えかけた頃に神輿を挙げてきた。朝廷と革命軍の死命を制して自ら天下の権を握ろうとするの大望のためだ。

この辺でという訳で、袁は英国漢口領事を通じて南北調停を提議させた。袁は和戦両様の構えから革命軍を圧迫して来たので、孫文は「若し清朝の退位に同意するなら臨時大総統の椅子を袁に譲る」と公約を与えてしまった。

日本の志士たちは革命軍に、絶対に袁の老獪な手段に乗るなと警告したが容れられなかった。頭山はじめ革命に燃えるが如き同情を降り注いだ日本の志士は、革命軍の裏切った態度に内心快く思わず上海を引き揚げた。

かくして一九一二（明治四十五）年二月十二日、宣統帝は退位した。愛新覚羅三百年の清朝も遂にこの日亡びた。

袁は第二次臨時大総統となり、北京に就任式を挙げるや否や買収、脅迫、暗殺、監禁などあらゆる悪辣な手段を尽くして国民党の切り崩しをやった。憤激した国民党は第二次革命を興した。（大正二年五月）

そこは袁の思うつぼでバタバタ国民党を各地で粉砕し「第二次革命によって国に兵乱を起した首謀者は国民党だ。国民党は国賊である」と突如クーデターを断行し、国民党議員の当選証書を剥ぎ取り憲法を握り潰してしまい、正式大総統に就任し、陸海軍大元帥を兼ね天下の政権、兵権を掌中に収めてしまった。そうなってみると袁の胸中に夏雲のようにむらむらと湧くのは皇帝欲だった。

恰もそれは将に支那の戦国時代であった。力ある者は起って快刀乱麻の腕を揮うべき秋であった。一方には支那政界の梟雄袁世凱が北方に蟠踞して、悪辣さを欲しいまゝにし、南方には早くも革命の情熱が燃え上がっていた。その間を縫って抜け目ない欧米勢力は袁を通じて浸透し、我が国が日露戦争で獲得した貴重なる権益を侵食せんとする形勢にあった。

この打ち続く革命、袁の台頭のなか、一九一一（明治四十四）年八月、内田康哉は、第二次西園寺内閣の外相に就任すべくアメリカから帰る船中で第一革命勃発時のニュースを聞いた。しかし内田は欧米に長く居たため支那には暗いので、伊集院公使の情報、意見で対支政策を決めようとした。伊集院は袁の同情者であった。また、我が元老重臣は支那で君主制が廃されて共和制になることは、我が国民思想上悪影響があるとの意見で、政府の対支方針もむしろ袁に好意を持ち、民間の革命援助の傾向とは対立していた。

そのような対支政策の貧困時代に、伊集院公使に代わって駐華特命全権公使に抜擢されたのが外務省切っての支那通にして且つ硬骨鬼才と謳われる山座圓次郎であった。

辞令を受けるや山座は急遽イギリスから帰朝した。政府は対支政策の樹立を急いでいた。東京に帰った山座は政府要路の意向を打診するかたわら、頭山翁はじめ第一革命に参加した民間志士の意見も縦横に叩いてみた。

山座が全権公使として支那に行くついでに帰福すると聞いて一九一三（大正二）年七月二十日、博多駅頭に押し掛けたのは、夏休みに帰省している浩々居の連中だった。その中には当時本省で課長をしていた広田弘毅もいた。山座も賤香夫人も意外な出迎えの顔触れを見て喜んだ。

旅館栄屋に陣取れば、玄洋社社長・進藤喜平太、大原義剛（元代議士）、横地長幹、木山遷などが押しかけて郷党の気分を漲らせるとともに酒盃を傾けて、対支政策の確立を叫んで諤々の議論で座を賑わせたものである。山座は時に眠れるが如く無言で傾聴し、時に満腔の抱負を吐露して大いに談じ合った。

その翌日は西公園舞鶴館で山座夫婦を囲んで、現役、後輩の浩々居人からの送別会が書生流儀で開かれた。その後、常盤館で行われた官民合同送別会に出た山座は、西公園に居る浩々居の連中も呼んでやれと言って多数を呼び入れ、学生に取り囲まれ、故国を去る最後の夜まで青年と一緒だった。青年の純真溌剌さを何時までも愛する心こそ精神の老いぬ所以であったろう。

山座は多年心身を打ち込んで得た支那認識と宿望の大陸外交遂行の使命を感じ意気軒高として北京公使館に入った。

一　辞任して帰ると慟哭する熱血児

山座は南北新旧抗争のなかに山西省の石炭に目をつけた。更に三井物産社員森恪（付記参照）らが調査した陝西省の延長にある油田に着眼した。

そして政府に、今のうちに買収してしまえ、将来我が国の石炭、石油の資源問題解決のために絶対必要だから、列国が蠢動しないうちに先手を打てと強硬な意見を添えて提案した。加藤高明外相は「南北争っている時に斯かる重要な提議をする事は、英米仏の反対を招くことは必定なので閣議は反対だ。当分見合わせて欲しい」と答えてきた。

これを受けた山座は直ちに加藤外相に、「そんな弱腰ではいかぬ。現地の情勢から判断してこの二利権の獲得は絶対可能だから政府が賛成するよう極力尽力されたい」と、連日のように電報で督促した。ところが加藤外相の回答はいつも悲観的だ。到底政府が自己の意見を容れないと知った時、山座は公使館の机にガバと身を投げかけ慟哭した。

「こんな馬鹿げたことがあるか。みすみす絶好の機会を失うなんて、俺は現地で見るに忍びない。こんなていたらくなら今後の責任はとれない。俺は辞めて帰国する」

そして山座はいつまでも男泣きに泣くのであった。

賤香夫人は、生涯あんなに泣いた夫を見た事がないと後で語ったそうであるから、熱情児の山座が確信を持って放った対支外交の第一弾を闇に葬り去られる断腸の無念こそ共感される。

「辞めて帰る」の電報を見た加藤外相はすっかり度胆を抜かれ「そんなことは言わずに一度帰朝して貰い詳細に事情を聞くから待っていてくれ」と幾度か慰留の電報を打った。

山座はその石油坑の将来の重要性を認め、また氏の抱懐する大陸政策の見地からもその利権の獲得に努めたのであったが、この石油坑問題に随分意気込んでいた三井物産社員・森恪も、後に時の政府当局の反対に遭ってそのまま有耶無耶に握り潰されてしまったのは返す返すも残念な事であったと述べている。

民間の与論は、山座が窮していた対支交渉に何か素晴らしいことをやってくれるだろうと期待していたところが、赴任して半年何の活動も聞かれない、依然として眠っているかに見えるから耐えられなくなった。民間の世論は内情なんか露知らないから、山座の無為を攻撃し始めたのだ。

その間の苦衷を、彼は玄洋社の同志浦上正孝に書いて送って来た。

「この重大な時機に当たり中央当局が対支政策上何等の定見なく朝令暮改、大機を失するは遺憾の極みである。余は遠からず帰朝の上、その意見を披歴すべく、聞かざれば再び帰任せざる覚悟である。近来国内の与論が自分を非難攻撃するは国家のため当然のことである。自分は如何に非難されても構わぬ。自分に対する非難によって日本国民の意志が強く現れ、それで政府の決意を促すことが出来れば、それが即ち日本のとるべき態度を間接に後援する作用を為すことである」と。

堂々と政府の不甲斐なさを衝き、自分への攻撃非難によって政府が強くなれば本望だと悲壮な決意を示して、はるか支那の空から東京を臨み、政府の強力外交発動を願っている公使・山座の脾肉の歎に堪えない無念そうな姿こそ同情に耐えない。一度、命下れば梟雄袁を向こうに回して君命を辱めないだけの実力ある玄洋社男子なればこそ尚更である。

山座の深憂は、次のようなものであった。

―新興民族意識に燃え立つ三民主義革命は思想上からも無視できない現状にある。その流れを防ぎ野望を遂げんとする袁の帝政運動は時代錯誤であるとはいえ、隣邦諸国が地響きを上げて大変革過程を辿りつつある事は帝国としても看過されぬ事件である。特にこの抗争を利用して欧米勢力が帝国の特殊権益を浸蝕せんとする体勢を示しているに於いておや尚更のことである。隣邦支那が平和に治まり、日支提携が円満に遂行されてこそ東亜の平和はあり、我が国が東洋の安定勢力たらん意義があるのである。ところが、それらの条件が一つとして具備していないという於いては、我が方が重大決意をもって支那の成り行きを監視して、対支将来を決定せねばならぬということになる—

自己の意見が容れられないという個人的な問題ではなく、国策の基礎を築く経済の基礎的条件である要素が、内閣に対して憤慨し「辞める」とまで癇癪を破裂させる原因になったのである。

また、加藤外相は、山座が「辞めて帰る」といった事情をのちの追悼会で、その事を肯定したような表現で語り当時を彷彿させている。

「山座君は外務大臣（自分）とも色々打合せの事もあるから一応帰朝したいという事を申されたのでありまず。然るに当時は政府が組織になった草創の際でもありますし、その他種々なる事情もありまして、直ぐに帰朝されることを不便とする訳でありましたから、暫く帰朝を延ばされるようにという事を私から返答致しまして暫く帰朝が伸びたのであります。若しこの時山座君の申出通りであったならば山座君は四月中に帰ったであろう。越えて五月に帰朝なさっても差支えない事になりましたから、愈々その月の木北京を出発されるということになった。その刹那突然病を得薨去された次第でありまして、私は甚だその責任を感ずる。若し、四月に故人の申し出られた如く帰朝されたならば或は山座は北京では薨去されなかった」

更に語を続けて、山座が開豁な外交官であると同時に用意周到、この上もない好事業家で、特に支那の事は非常に興味を持ち、北京駐箚の公使として、僅〻一年ならずして薨去したことを、親友としてのみならず、国家の為に無限に遺憾を感じ、更に上役としてのありふれたものでなく、剛腹な加藤は心から山座の材幹を惜しむの情に堪えなく声さえ曇って追慕を述べるのであった。

二　酒中、頭山翁へ経綸の書簡

郡島忠次郎が一九一三（大正二）年十一月、公使館に山座を訪れた。郡島は同郷であると共に荒尾精の門人で済南商工会議所会頭もするほどの支那通である。山座とは盟友の間柄である。

「徹夜痛飲談論風発、天命に至る」と記しているのを見ると、山座は内心の憤懣やるかたない心情を、郡島を相手に天命に至るまで痛飲して支那の形勢を論じ、政府の弱腰をこき降ろして余すところがなかった。すっかり酔いが回ったころ山座は尋ねた。

「郡島、時に君は何時頃東京に帰るのだ」

「北京で用が済んだら、すぐ東京に向かう」

「それでは俺に頼みがある。頭山さんに手紙を書くから、君は直ぐに渡してくれ。郵便では出せないものだ。そのまま盃を取りながら一寸待っていてくれ」

何やら面に緊張の色を漂わせた山座は、そばにある筆を取った。郡島は相変わらず飲んでいる。二間に余る長文の手紙だ。

書き終わった山座は繰り返して、「頭山さんに直接手渡すのだぞ」と堅く言った。郡島は預かって帰京、頭山翁に手交した。

頭山翁はジーッと繰り広げて読み下ろしていたが、

「郡島、お前も読んでみろ」と言った。

彼は読んでいるうちに仰天した。

拝啓　不相変御健勝の事と拝察為邦家大慶無比上存候も南方首領連に対する大人之忠告に不拘遂に動乱と相成其結果窮鳥入懐何かと御苦心推察奉候支那は財政上より日一日と分散即ち分割之悲境に沈落しつつ有之此際李牛之争は徒に亡国の運命を早め候而止に付袁も孫黄其他も此大本を心得候事支那保全之為第一要義に有之候次に南満東蒙割取之如き我方一部之大愚論は素より御話に相成不申候同地域には我が多大之犠牲乃争うべからざるもの有之候に付先般協定致し候鉄道之外追々他の問題にも談乃致度心算に候得共、夫より気に懸り候は、支那本部の事に有候之是れは一日も早く各方面に我利益を扶植し以て財政上よりも分割之端を防ぎ支那全土を我勢力の下に保全し東亜之大局を維持致度考居候も名計は一等国之貧乏世帯に卑才之小生憂慮不一方罷在候唯赤心為東亜努力可致孫黄其他南方首領連に此上暴動せば亡国之重責彼等に帰すべき事丈は伝被下候様願候　頓首

十一月二日　　山座圓次郎

頭山大人

牛李の争いを続ける孫黄に頂門の一針を示した時、当時我が民間で東蒙南満を支那から分割せよと論ずる向きに、大愚論も甚だしと反省を促し、更に「一日も早く各方面に我利益を扶植して以て支那全土を我が勢力下に保全し東亜の大局を維持致度」と論ずるあたりは、一外交使臣の報告ではない。情熱の溢れる帝国の大陸経営論だ。堂々たる経綸の書だ。最後に「唯赤心東亜のため努力致す可く」と支那問題解決のため一身を捧げる至誠を示している（郡島は頭山翁に頼んでこの手紙を譲り受けずっと秘蔵していた）。

山座の卓見は確かに我が支那問題の解決の基調を為すものであった。

北京列国大公使は、山座の烱眼と力量については畏れをなして密かに警戒を緩めなかった。しかし山座は、外交団と対応する時何時も柔和な微笑と朗らかな笑い声を洩らしていたので、微笑公使の綽名が付けられていた。

熱烈なる抱負を心中に深く機会を窺っていた山座に、しかし天は齢を藉さなかった。一九一四（大正三）年五月二十八日、北京公使館で斃れた。市内外の楊柳が芽を吹きだし、香しい風をそよがす、一年中で一番好ましい北京の初夏が訪れる頃だった。

第六章　急逝

山座圓次郎は一九一三（大正二）年六月二十二日、永年の念願であった駐華特命全権公使に任ぜられた。目まぐるしく変化する中国の事情は、親しく北と南を鋭く視察して来た山座でなくては到底フォロー出来なかったであろう。

支那では、この年の一月から二月には国会議員選挙で、全国的に激しい選挙運動が行われ、袁世凱派と反対の国民党派側との勢力争いにあっては、遂に三月には袁世凱が政敵宋教仁を暗殺するに至った。その最中の二月には孫文が来日して桂太郎首相とも会ったが、政情不安で長期滞在も出来なかった。

袁は、内戦の勃発に備えて、四月末には五国借款団との間に二千五百万ポンドに上る大借款を取り結んだ。南方側では武力主義の急進派と黄興らの漸進派に別れ、袁の買収工作が行われ、赴くところ山座の着任前には、大混乱が起っていた。

その上、十余年北京外交団に君臨し、この混乱を利用して如何に自国の利権を延ばそうかと虎視眈々と機会を窺っているイギリスのジョルダン公使が、山座の最大の相手として「小僧負けてたまるか」と待ち受けている。その中心地に乗り込む山座の胸の内や、又、この山座を送り出す親友同志の感慨や如何である。

山座は、政府筋や、頭山を初め民間人の意見を充分に聞き、七月十八日朝、東京を出発した。その時は見送りに駆けつけた加藤外相も、山座に近づいて挨拶も出来なかったほどの大群衆の熱烈な歓送を受けた。同日淡路丸にて神戸を出航し、福岡で玄洋社社長・進藤喜平太らと意見を交換した後、一九一三（大正二）年七月二十七日に北京に着任した。

彼を待っていたのは、李烈鈞の湖口砲台の占領による独立宣言、黄興のこれに対する呼応、孫文の袁世凱隠退要求という南方の反乱による所謂第二革命の勃発であった。

袁世凱は直ちに南方変乱討伐軍を派遣し、山座の北京着任の二日前の七月二十五日には、湖古砲台を奪回し、南軍は各地で敗れ去り、九月一日の南京陥落で動乱は終局となり、南方の孫文、黄興、胡漢民らの領袖が日本に亡命する事となった。ここで山座は、日本政府による彼ら亡命者に対する取り締まりを求める袁からの要求を日本政府に取り次がざるを得なくなった。

次は、蒙古（宗主権）問題に関する露支交渉の現状分析という仕事であった。

当時日本政府は、露国が蒙古に対する清国の宗主権を従来通り認めるといいながらも、南清不安定という時局を利用しながら、どこまで清国に圧迫を加えて蒙古に勢力を扶植するかに、多大の関心を寄せていたが、日本に於けるロシア大使の説明では解らないので、田付七太在露臨時大使に内情探索方を訓令していた。

中国政府は、陸徴祥外交総長が対露交渉継続の余地なしとして辞職し、後任に孫宝琦《そんほうき》が就任して交渉を再開した。この時点で田付臨時大使は十月四日、露国外務省極東課長・コザコフの談話として、交渉の前途に甚だ悲観していると牧野伸顕外相に報告してきた。

しかし十月十五日山座は、この交渉が実は順調に進捗している模様だというロイター通信員・ウェアーンの水野幸吉参事官に対する内報を、また十七日には総統府顧問・モリソンの水野参事官への内話を報告してきた。

モリソンの観察では、今度の交渉でロシアは、最近の支那に於ける親日傾向、それに日本の満蒙鉄道利権獲得が原因で、何とか交渉を纏めようとその態度を変えてきたのだという。そこで牧野外相は支那当局についての詳細実情を確かめよとの訓令を発し、山座はクルペンスキー露国公使に当たってその談話を、また孫総長の説明を実に詳細に報告して来た。特に孫総長からは、ロシアには内々の話で、他国の公使には絶対秘密という話も聞き出している。勿論本舞台は支那というものの、着任間もない山座が、いかに広い情報網と的確なる判断とを持っていたかを示すに足るものであろう。

これより先十月六日には、清国では袁世凱が大総統に、黎元洪が副総統に就任し、同時に各国は中華民国政府を承認した。これは、外交団長でもないのに拘わらず、着任早々の山座が新政府承認の手続きについての「山座案」が認められ、外交団を代表して支那側と交渉に当たった結果、このようにスムーズに運ぶことになったものである。

この中華民国政府承認問題については、国際法学者の入江啓四郎が、山座公使就任後の問題処理についてとして、以下のように述べている。

—山座新公使は、その着任後、八月十二日付牧野外相宛書信で、承認問題につき手続上重要な変更を進言して来た。それは「中国政府が日本公使に声明案を内示する形は、その理由がないから、我が方より日本政府の提案又は公使の私案として、外交団会議に付議したい」とするものであったが、「それは寧ろ複雑無用の術策に類するように思われる」としている。

山座公使の稟議に対しては、牧野外相としても、従来英国公使及び民国政府と打ち合わせたところと相違し、当惑した様子であるが、兎も角英華双方と内談を試みる事は差支えないと回訓した。……同時に在英大使井上勝之助に訓電して、イギリス政府の意向を探査させた。……これに対してイギリス政府は、山座案で差支えない、且つその旨北京自国公使に訓電したと回答した……。

かくて山座公使は、一九一三年九月二十七日、恰も塩制改革に関し、オーストリア及びイタリアを除く五国の公使会談があったのを機会に、下相談をし……、予定の提議を行ったところ、一同異議なく……、次いで公使団主席イスパニア公使の招集で、九月三十日、外交団会議の開催となり、一同の承認を得て、山座公使が大総統秘書長と折衝する事となった……そこで山座公使は梁秘書長と交渉の上、声明案について合意に達した。

九月二日の外交団会議で、各国公使に関する限りは、全会一致その承認を得た。

山座公使は、愈々最後的準備として、大総統当選通知及び声明の二件につき、外交総長より各国政府へ行う同文照会案につき、中国側と打ち合わせた上、十月三日、外交団会議に報告し、何れもこれに満足したので、次に同公使は、各国公使より行うべき外交総長宛同文照覆案を提出し、これも可決した……。

かくて一切の準備段階は完結し、袁世凱は十月六日の国会で正式に大総統に選挙せられたので、即日日本、イギリス、フランス、ドイツ、ロシア、オーストリア、イタリア及びイスパニアその他の諸国は、一斉に中国政府の承認手続きを取った。

山座公使は十月六日、『直ニ帝国政府ノ名ニ於テ中華民国承認ノ手続ヲ了セリ』と報告し、牧野外相はこの旨を上奏、十月八日、官報で支那共和国承認を発表した。

袁世凱は、一九一三（大正二）年十月十日誓詞を行って、正式に就任し、我が山座公使は十月十七日大総統に国書を捧呈して、ここに初めて公式に中華民国政府に接受せられることとなった――

入江は、前記八月十二日付山座公使の牧野外相宛書信の全文を挙げているが、此の稟議の内容を「寧ろ複雑無用の術策に類するように思われる」と言われるのはどういう理由に因るのか理解に苦しむとしている。

そして、このような集団行動を採る事が、むしろ山座公使の苦心の存する事ではなかったのであるまいかとしている。山座公使としては、自国単独の行動で承認するのはいとも簡単であるが、外交団を一体として行動させるのに敢えて自らイニシアチブを取り、今後自分の執るべき施策の実行にプラスになるように苦心したのではなかろうかと推測している。

それは兎も角として、この新政府の承認の交渉は山座の恐らく最も華やかな最後の舞台で、「貴官段々の御配慮に依り承認問題順当に進行したるは、帝国政府の甚だ満足する所なり」との牧野外相の電信は、生涯唯一の謝状となった。

山座は、このほか満洲に於ける鉄道敷設に関する折衝、この鉄道資金や、大冶鉄山への貸し付けなども処理した。

山座自身は北京に着任して、まだ激動し続ける支那全土をその眼で観察した結果、当面緊急の施策として、山西省の石炭と陜西省の油田を今のうちに日本政府が買収すべきである、それは我が国の資源問題解決の為にも必要であるとの意見に達し、この旨を政府に進言した。

然し政府は大陸に内紛の続いている際、我が国がそういう手を打つと諸国の反対を招くことは必然であるとの理由で、閣議は山座案を採用しないと決定したと伝えてきた。その後も山座は、強硬に自説を繰り返し申し送ったが、そのたびに退けられた。

男泣きに泣いた山座は、公使辞任の決意までしたが、外相は極力慰留した。玄洋社の同志浦上正孝には、

「この重大なる時機に当り、中央当局が対支政策上何等の定見なく朝令暮改、大機を失するは遺憾の極み」と書き送っており、十一月二日の頭山への手紙の中でも、その苦渋がにじみ出ていた。このような焦慮と苦悩のうちに一九一三（大正二）年は終わり着任二年目を迎えた。

山座が北京着任後半年を経ても無為無策では、事情を知らず山座に多大の期待を寄せていた各方面は我慢ならずと攻撃し始めた。

一九一四（大正三）年四月十七日山座は、前日外相に就任した加藤高明に、次のように会談の為帰国を願い出た。

「内閣新ニ成リ閣下御就任相成タルニ付テハ親シク当国目下ノ事情ヲ陳述シ今後ノ対支政策ニ付テ御訓令ヲ受クル為往復約一ヵ月間ノ予定ヲ以テ帰朝致度昌黎事件等モ片附キ別ニ官務ニ差支ナシト思料スルニ付御許可相成タシ、然ル上ハ袁世凱ニモ面会シ出発シタキ考ナルニ付何分ノ義至急返電アリタシ」

加藤外相はこれに対し、十八日に直ちに返電した。が、それは、

「……貴官一時帰朝ノ義差支ナキモ目下ノ処彼其繁劇殊ニ臨時議会大喪儀ヲ前ニ控エ到底熟談ノ暇無カルヘキニ付其内適当ノ時機ヲ見計ヒ当方ヨリ更ニ申進スヘシ」というものであった。

一応仕事が片づいた一ヵ月後の五月十八日加藤外相は、「兼テノ御申立テニ基キ貴官ニ帰朝ヲ命ス但往復ヲ込メ約一カ月ニテ帰任ノコトニ御承知アリタシ右ハ次官宛内信ヲ見テノ上ノ詮議ナリ」との帰朝命令を出した。

北京に赴任した時、山座は慢性リュウマチに罹っていて、ステッキを用いるようになり、そのため薬を常用しており酒量もぐんと減ったようである。しかし、十ヵ月足らずの期間とはいえ、公使として着任してからの山座の活躍は、いかに本場とはいえ、全く眼を見張るような精力的なものであった。而も、やりたい事は山ほどある。政府に進言しても捗らない。それやこれやで、また自棄酒になったのではあるまいか。

澁澤栄一ら実業団一行が北京に来たときは、健康が優れず、水野幸吉参事官をして接待させたほどであった。そこへ全くポックリという表現通り、その水野が急死した。

山座の気落ちは想像に絶するものがある。そして、最早不健康も何もあったものではない。澁澤らの接待を自分でやらなければならなくなった。それでいて、持ち前の筆まめから、その疲労の最中、佐藤正少将に次のような書簡を送っている。

拝啓　水野君の事実に痛恨の極みに御座候嚢に御見舞の電報に加へ特に田村軍病院長御派遣被下御厚意の段深く銘肝仕候重患途は既に二十一日午後承知仕候得共病勢如此急転致候事は実に意外に有之田村院長に於いても平賀君其他と共に昼夜を撤して最善の力を御尽し被下候へども其甲斐なく事茲に至りしは如貴諭為邦家遺憾千秋に御座候臨終の最後に至る迄頭脳明晰談する処公事ならさるなし吾人素より殉国を以て期するもの唯天が此逸材に仮すに十分の春秋を以てせさりしは実に天下の不幸に御座候同夫人二十七日昧爽貴地経過入京可被為　御面会の上出来得る丈け御慰安奉願上候感慨無量筆紙の尽す処に御座なく其内拝の機奉待候　頓首

五月二十四日

佐藤正少将閣下
山座圓次郎

この手紙を書いた一九一四（大正三）年五月二十四日というのは澁澤栄一一行が中日實業株式会社の創立総会のため滞在中で、接待その他で疲労は甚だしかった時の事であろうが、山座は、どんな火急の時でも、筆まめに手紙を書いた習慣が、この時も残っていたのであろう。ただ、この手紙を書いている途中、隣にいた夫人に「おーい、徹夜の徹は何へんだ」と大きな声で聞いたことを、夫人は後までずっと覚えて居られたという。なるほど「昼夜を撤して」の撤は、後で書き入れたらしい書体である。この手紙こそ、今遺されている山座の絶筆である。

折しも、中日實業株式会社相談役・澁澤栄一は、一九一三（大正二）年秋の創立総会臨席のため渡支出発の間際に微恙に罹り旅行を中止していたが、一九一四（大正三）年、会社改組に当たり袁世凱大総統が澁澤子爵（当時男爵）の來燕を慫慂したので渡支の約束を履行、同年四月二十日中日實業会社と改称改組され、五月二日東京出発支那へ向かった。

一行は次の通りであった。

澁澤栄一、澁澤武之助、明石照男、増田明六、大澤正道、野口米郎、堀井宗一、堀江傳三郎らと、他に馬越恭平、尾高次郎両氏の随員が加わり総数十二名であった。野口氏は中日實業から男爵の随員を命じられた同社員である。

澁澤男爵が日支實業連盟並に長江沿岸権益獲得のため、七十余才の老躯にも拘らず支那各地歴遊の途に上るとの噂は在支英国人を驚かせた。英国は支那に於ける貿易の覇権を握り、貿易額第一を以て誇り、総税務司の如きもその推薦する所であって、長江沿岸一帯各省は英国の範囲と自ら許せる関係上、遅れ馳せの日本が割り込み運動を開始することは最も好まない事だったので、澁澤男爵の渡支ニュースは著しくその神経を刺激し、その遊歴を阻止しかつ中日實業の出現を阻止する傾向さえあった。北京デイリーニュースは「支那に於ける日本」と題し、澁澤男爵の渡支に関し「澁澤男爵の渡支は長江沿岸に於いて占める英国の勢力範囲を奪い且つ之を確保せんと欲するものなり」との記事さえ掲げた。

澁澤男爵は上海南京を訪れ北上したが、中日實業専務・尾崎敬義は同社の孫多森、藤井元一、清承業氏らを帯同し長辛店に男爵一行を出迎え、十九日北京に着いた。

その夜直ちに公使館で一行の歓迎晩餐会が開かれた時、山座は一行に「自分は今非常に多忙なのと、足痛で歓迎が十分出来ないから、水野参事官に案内させるから」と諒解を求めた。

翌二十日山座公使及び高尾亨書記官同道で梁士詒、孫宝琦外交総長、梁啓超氏らを順次訪問した。

一方男爵一行は小田切万寿之助横浜正金銀行北京支店長の招待を受け宴が済んだが、案内役の水野参事官がいない。そこで馬越恭平が小田切にその事情を尋ねると、水野は少し腹痛だと言って早く帰ったとの事であった。

二十一日は水野参事官の腹痛がひどいらしく、先に断りを言っていた山座が一行を案内して大総統・袁世凱に謁見した。

山座は始終ステッキを突いて苦しそうに歩を運んだ。支那式の長い階段では二、三回登って一休みするという有様で、馬越がどうしましたと尋ねると、心配する事はないと答えていた。

宴席では、袁大総統が、

「聖廟に赴かるるよし予て拝聞せり。さて中日の関係たる其淵源する處頗る遠く一朝一夕の事に非ざるは説くの要なし。されど向後も両国の親善なる交誼を鞏固に保持せんと欲せば其の経済上の関係を密接ならしめざるべからず。これ余が中日實業会社の事業に賛同し、楊士琦をして之に加わらしめたる所以なり。何卒此上の御尽力を煩わしたし云々」と述べたのに対し、

澁澤男爵は、

「御言葉真に辱く拝承せり。閣下の言わるる所は平素自分の懐抱する卑見と符節を合すが如し。御承知の通り中日實業会社も大総統の御助力に依りて先般完全に成立したれば、今後益々奮励して両国実業の発展に盡瘁すべし。尚此上とも何分の御高庇を講う」と答えた。

二十三日には中日實業総裁・楊士琦氏主催の歓迎晩餐会に於いて、楊氏が宴半ばに立ち、男爵の経歴、人格、手腕について賛辞を呈し、かつ今後会社の為一層努力あらんことを希望すると、

澁澤男爵は、

「渡支以来宴席に列すること其数を知らざれども、今夜の如き快感を覚えたることなし。それは余が先年来微力を尽くしたる中国興業会社即ち今の中日實業会社も完全なる成立を告げ、今やこの会社の中国側幹部の人と一堂に会して快談するが為なり。

斯く会社は既に成立するも今後効果は一に重役諸君が克く自己の責任を重んぜられて施設経営其宜しきを得るにあり、凡そ業精于勤荒于嬉ものなり、何事も言うは易しく行うは難きものなれば重役諸君に於いても業務に勉励せらるると同時に各種の困難に挫折することなく当初の目的に邁進せんことを期せられたし。余も亦向後一層会社の為犬馬の労を惜しまざるべし云々」と答礼した。

その日の夕方、水野参事官急逝する、と聞いて山座は仰天し、あの剛胆な信頼するに足る水野がと、痛い足をさすりながら一晩中、人生の老若不定を嘆じていた。これが病気の彼にとって最も大打撃だった。力強い片腕を失った深い嘆きであったろう。

二十四日、その日は昭憲皇太后の御葬儀が故国で行われる日に当たっていたので、北京在住の邦人が皆、公使館に集まった。この時も山座は元気で、澁澤男爵一行の馬越の耳元に「いつ帰るか。帰る前に一行に対して少し心得になる事を言っておきたい。また帰国したら外務大臣に伝言して貰いたいことがある」とささやいた。

そこで二十六日午後六時、馬越は一人公使館に山座を訪ねた。賤香夫人がお給仕をしながら山座と馬越は十二時まで語った。

しかしその時、「医者が酒を飲んじゃいかんというからビールを飲んでいるよ」と言ってビールを傾けていた。

翌二十七日午前八時北京発、天津行の一行を山座は停留場に見送り、澁澤男始め馬越らと一々握手して別れた。

一　急逝

午後二時半、突然悪寒発熱した。発病直後夫人及び公使館付平賀軍医正の希望で、公使館から朝鮮総督府外事課長に電信し、大至急佐藤衛戍病院長の差遣方を依頼したが、臨終となったので来診取止めを電信した。

松平恒雄代理公使の加藤外相宛公電には次のようにある。

「予テヨリ脂肪心肺気衛慢性リュウマチスニ罹リ居常療養ニ怠リナカリシカ五月二十七日午後二時半突然悪寒発熱シ体温三十九度四分ニ上リ脈拍軟弱不整トナリ心臓麻痺ノ徴ヲ現ハシタルニ依リ直チニ『カンフル』ヲ投与シ一時脈力回復セントセルモ引続キ三十分ノ後ニ再ヒ心臓麻痺症ヲ越シ」

瀉血やらあらゆる手当を尽くしたがその効なく、二十八日零時四十分心臓麻痺に陥って死亡した。

加藤外相は直ちに叙位につき「大正二年特命全権公使ニ転官支那ニ赴任スルヤ同共和国承認問題ヲ初メトシテ幾多波瀾曲折ヲ極メタル交渉案件ノ折衝ニ尽瘁シ悉ク円満且我ニ有利ナル解決ヲ得而モ両国ノ親交ヲシテ愈敦厚ナラシメタル等其勲功優秀ニシテ没スヘカラサルモノ多々有之」云々と上奏。山座は特旨を以て従四位勲一等より位二級を進められ正三位勲一等に叙せられた。

聖恩の優渥なる事ひとり山座家の光栄ではない。

一方天津に着いた中日實業会社一行は、澁澤男爵が微恙《びよう》のため、看病して夜が明けた二十八日に山座公使が逝去されたという通知を聴き、一同驚愕してしまった。

何しろ昨朝握手して別れたばかりではないか。一行が十九日に北京に着き案内してくれた水野参事官は二十三日に急逝、別れたばかりの山座公使も二十八日に急逝、そしてそのころ澁澤男爵は病気、という有様なので目に見えない不安に襲われ、一行は青島に行くのを止めて大連に出て六月十四日東京に帰った。

帰朝後、馬越が加藤外相に山座の伝言を述べたところ、加藤は非常に嘆息して目に涙を浮かべていた（馬越恭平氏の追憶談より）。

また、その頃坂田卯三郎（博多無尽社長）が商用で北京から天津に行っていたが、山座の訃報を聞いて早速公使館に駆けつけた。病名は狭心症だった。だから急に斃れたのであった。袁による毒殺ではなかったが、その頃の日支の空気と相次ぐ異変から推測して毒殺が伝えられ今でも信じている向きも多いのは、畢竟山座を惜しむのあまりであろう。

未亡人は亡くなるまで、毒殺説を全く否定されなかったとも伝えられているが、最早確かめる術もない。

他方袁大総統は五月二十九日、その礼官・施肇基を特使として公使館に遣わしめ哀悼の意を表せしめ、外交部は半旗を一日掲揚し、天皇陛下に弔電を寄せ、六月二日天皇陛下より御答電があった。

ここで当時の新聞から山座圓次郎の急逝の報を拾ってみよう。

北京電報　大正三年五月二十七日発
《山座公使重態》
山座公使は数月来リュウマチに悩み居たるが最近水野参事官の逝去に心痛し、昨朝はその痛を忍びて水野未亡人を見舞いて、帰館後気分優れず夜に入りて頗る重態となり医師詰め掛け訪客の面会を謝絶し居り。
容態益々険悪　山座公使は二十七日午後一時より一層重態となり、公使館員一同も日夜詰め切りにて病状の経過を気遣い、殊に山座氏夫人は寝食を忘れて病床に侍し看病に怠りなきも容態は刻々険悪に陥り、今や殆んど絶望的となり、一同心痛其極に達し、親戚をはじめ知己朋友の間には危篤の旨打電せり。

○

北京電報　昨日号外再録　大正三年五月二十九日発
《山座支那公使逝去》
特命全権公使従四位勲一等山座圓次郎氏は二十七日午後二時心臓麻痺にて卒倒して人事不省に陥り八方手当を加えたるも其甲斐なく二十八日午前零時四十分遂に逝去せり、享年四十九歳。
山座氏の後任　駐支山座公使逝去の悲報達するや其の後任に如何なる人を以てするかは容易に決定し難き問題成るが今日の閣議にては右人選に就き協議したる由にて支那公使館には目下松平二等書記官残れるのみなれば後任の任命遷延するに於いては帰朝中の芳澤漢口総領事を公使館一等書記官に昇進せしめ赴任せしむるに至るべく、然して其の後任は順席上松井外務次官の信任を見る筈なれども、同氏は加藤外相の次官として最も必要の人物なれば、今回は後輩より抜擢を見るべく候補者としては小池政務局長、落合奉天総領事、幣原大使館参事官の呼び声高きが結局小池政務局長の任命を見、幣原氏は小池氏の後を襲いて政務局長たるべしと。

臨時代理公使　山座駐支公使逝去発表と同時に後任公使決定に至るまで北京二等書記官・松平恒雄氏臨時公使たるべしと。

○

九州日報　社説　大正三年五月二十九日

《噫！！　山座公使》

支那は依然世界の中心地にして、特に我が日本は山座公使の手腕に俟つの頗る多きものありし秋に当たり、突然逝去の報伝わる。彼の陝西省油鉱問題及び福州鉄道は重大なる懸案に属するものにして、殊に福州鉄道の敷地に於いては、英国の反対ありて遂に今日まで解決するに至らざりしの折柄、是等の問題に対する方針を確立して以て、実際的地歩を支那に占むるの要あるは今日の急にして、近く山座公使が帰朝するに決したるも、畢竟是等の緊急要件を打合する為なりしに外ならず。

現下支那の形勢たるや、人心漸く袁政府を去りて、革命の機運再び各所に勃興し、殊に欧州の某国の如きは、第二次革命の領袖を自国に招きて、暗に多大の援助を与え居るものあるに対し、此際我対支政策にして確立せざるに於いては、将来不利の地に立つは今より逆睹するに難しからず、支那が実に列国外交の中心舞台たる今日、支那公使として山座氏以上の適任者なく、政府も国民も亦山座氏自らも、支那外交問題の解決者を以て許し将に刮目すべき我外交の活躍を支那大陸に見るに至らんとするに当たり、突然訃音に接して無量の感慨なき能はず。第二の山座公使の称ありたる水野参事官亦数日前卒然として逝き、曙光を認めんとしつつありし我対支我外交の前途、甚だ憂慮に堪えざるものあり。山座公使の死は真に我日本の一大損失なりと言う可仕。

○

九州日報　所載　大正三年五月三十日

《職に殉ぜる山座氏》

山座公使は現官の儘北京に於いて逝去したり。公使は天資極めて強健なれば何人も今日遽かに訃を聞く事を予期せざりしが、赴任以来対支交渉案件蝟集し、日夜励精激に鞅掌せしため遂に過労職に殉ずるに至れるものならんか。山座公使の赴任せるは南北戦争破裂せんとする際にして、公使は支那国内の創痍尚未だ癒えず外敵四境に窺うの時南北兵火を交ゆるを以て支那の大患と為し両者を調停し東亜の平和を望まんと図りしに不幸にして公使は南軍の為に斡旋するものなりとの疑を受け北京官憲との交渉頗る困難に陥りしも公使の応酬宜しきを得たるに依り、忽ち支那官憲の誤解を氷解し、却って袁総統より経緯を評さるるに至りたり。然るに幾何ならず南京漢口兗州に於いて帝国軍人凌辱無辜の人民殺傷事件勃発したり。該事件をして平時に之を発せしめなば之を処理する事容易ならしならんも南北争いの結果延びて日支両国間の感情阻隔し居りて万事意の如くならず、ために対支外交無能の声は国内に漲り国民の憤激は絶頂に達したるも政府は是を如何ともする能わず公使に向かって厳峻なる条件を提出せしめんとし、公使は本国政府と支那政府との間に介在し折衝に努め遂に支那政府並に我が国民に不平を起さしめざる程度の条件を提出したり。当時国士官吏は電報文書の往来恰も織るが如く先ず水野参事官病み爾余の書記官書記生に至る迄一人も健康を全うしたるものなく公使又胃腸病を病みたるも、努めて部下を激励し漸く難関と処理するを得たり。而も是より公使の健康状態は漸く旧の如くならず、而も支那政府は帝国政府の要求を入れたるも内心平かならず機に乗じ報復せんと試みしため、対外交は甚だしく困難となれり。若し他人をして是を統べしめんか、策の出づべき遽なく遂には悶死するの外途なきに至りしならんが公使は毫も屈せず民国承認問題起るや率先して列強の公使を遊説し無条件にて協同承認をなし、共和政府の基礎確定に努めたる結果支那官民の感情を一変するに至り、日支両国の国交関係は殆んど旧の如く復するを得たり。常時公使の活動なかりしならんか、我が対支外交は如何なる悲境に陥しや測られず、而も風雲は飽く迄公使を苦しめ遂に利権獲得問題起るに及び公使の苦窮絶頂に達せり。当時列国は帝国政府が支那に於て利権を獲得するを恐れ、遽に帝国資本家の放資を妨害せんとし帝国の資本家又怯懦にして一人として進んで支那に放資するものなかりし結果帝国の手に在りし利権は列国に奪われんとし公使の心痛一方ならずため益々健康を害したり。其の後不運に次ぐ不運を以てし得意の手腕を揮う能はざりしが最近旧知の加藤高明男が外務大臣に成りたるを以て胸中の経綸を披露し帝国の対支外交方針を確定し、国家百年の大計を樹て大に為す所あらんとしたるも帰朝に際し平素の過労のため遽かに長逝し、その雄図を為すに至らざりしは公使のため将た国家のため千載の恨事と謂わざる可からずと某大臣は語れり。

○

寧静学人　大正三年五月三十一日所蔵

《新聞記者山座圓次郎》

―英国と支那　英国では支那問題に対して支那通は寧ろ其前途を悲観している模様である。併し最初より政策の如何は支那人自ら決定すべき問題で、外国は条約上の権利を侵害せられ若くば自国人民の生命財産に対し危害を加えざる限り決して干渉すべきではないというのは英国の輿論であった、そこで支那が愈々共和政体を採る事となるとタイムス等も是は非常に大胆な危険な……―

是は故駐支公使山座圓次郎氏が執筆起草したる九州日報の原稿の一節也。

山座が九州日報の記者をやった経歴は読者勿論承知有るまじきが、役人臭より超脱したる彼の事とて実は希望とあらば新聞の外務部記者をやらせて見たい心地のせざるには非ず、役人臭からざる役人、前には水野幸吉氏を失い今又山座圓次郎氏を失う豈に啻に外交一界級の損失のみと云はんや。

想起せば一昨年（大正二年）氏の帰省を迎えて福岡の旅館栄屋に訪ふたる時、お茶代わりのビールに万丈の気焔を浴びせられつつ此処と思う処を切り込む毎に氏は「書かぬか君？　屹度書かぬか」の念を抑しつつ当時暗雲の漸く密なりし支那問題に関し幾多啓蒙の訓を得しが、帰社後書きたくもあり書いてはすまぬ心地しつつ結局商売気質に駆られた訳に有ざれども可成骨抜の申訳相立つべき範囲に於いて談話の一部を記し念の為とて氏の閲覧を乞いたることあり。

実は時間といい酔払いの程度よりして先制碌々目を通すまじきを恃み少々づつは御約束の処を失敬したるものなるが返送し来れる原稿を見るに急所急所は一点漏らさず加減修正して然も字句の整然頭脳の明晰毫も例の酔態を止めず、幕の内の外交家を対手にして試みたる外交的の駆引きは徒労に帰しぬ、亦以て氏の頭脳の如何を見るべきものなりき。以上に揚げたる一節は原稿の一部、即ち急所採云うべき処を失敬し置きたるに対し氏自ら執筆して換骨したるもの也。

原稿を返送するに際し氏は相識なる我社南蛮鉄君（当時主筆、のち釜山日報社長篠崎昇之助）に対し「是では骨抜き処か丸で露骨云々」の不平の外交的辞令なりき。一大の奇才今や則ち亡し、遺筆に対して風骨を回想すれば転た惨然たるものなり。

○

北京電報　大正三年六月一日　北京電報

≪山座氏の葬儀、外人の同情頗る厚し≫

駐支特命全権公使山座圓次郎氏の逝去に就いて在留本邦人は勿論、外国人の同情頗る厚く、葬儀に関し内外人間に異論ありて本日までに確定せるは僅かに第一、仮葬儀を六日（内外の会葬者無数なるべきを予期し公使館玄関と第一門の間の空地を葬儀式場に当て、茶山までは取り壊しあり）、第二、七日我共同墓地にて火葬にふせらるる事等なるがその他、十八日頃秦皇島より明石艦にて公使館員付添い遺骨を擁して出帆、山座夫人は月島まで見送り、引き返して陸路帰朝し、日本にて遺骸を迎える予定也。なお中華民国政府創立以来外国公使が任地に在りて逝去せること山座公使を以て嚆矢とす。為に民国政府は此後外国公使の逝去の際の先例となるを以て、多大の注意を払い、公使逝去発表の時も袁総統は礼官施肇基を代表として弔意を述べしが、なお公使以外の北京発程公使館に於ける儀式秦皇島までの見送りなどは、何人をして其任に当たらしむるか、全て未定也。尚支那新聞は一斉に論説に於いて記事に於いて哀悼を表しつつあり。

資料１６　北京における山座圓次郎の葬儀風景
（出典：『山座円次郎伝』）

二　仮葬儀

さて、北京に於ける仮葬儀についてである。

山座公使の葬儀は、東京で本葬を営むことになったが、北京でも仮葬儀を行った。遺骸はその前日の六月五日早朝、北京市外の日本火葬場で荼毘に付された。小幡酉吉臨時代理公使（旬日にして公使となる）の加藤外相宛報告による仮葬儀の模様は次の通りである。

「六月六日午前十時当館内庭ニ特設セル式場ニ於テ仏式ニヨリ（特ニ奉天大連ノ各地ヨリ禅僧七名ヲ招請ス）故山座公使ノ仮葬儀ヲ執行セリ、葬式ノ順序ハ（一）読経（二）我駐屯軍儀仗隊敬礼（三）大総統特使大礼官施肇基代拝大総統ノ弔詞代読（四）副総統代拝参政院秘書長林長民参拝副総統ノ弔詞代読（五）教育総長湯化竜中日協会会長ノ資格以テ弔詞朗読次テ我官民代表者ノ弔詞朗読（六）喪主親戚以下順次焼香（七）支那官憲及外交団参拝（八）一般会葬者参拝等ニシテ極メテ壮厳且盛大ニ式ヲ了レリ式場ノ模様ハ大総統ヨリノ花環ヲ霊前ニ供へ、場内部ノ周囲ニハ支那官憲外交団其他内外人ヨリ贈ラレタル花環等二百余ヲ取付ケ壮観ヲ極ム参列者ハ支那側ニアリテハ大総統、副総統各特使ノ外国務卿以下各部総長次長及部員ノ重ナル者並ニ主要各官衛ノ官長（夫人同伴者少ナカラス）及所属官吏、実業家、新聞社長等ニシテ又前清ノ皇族タル溥倫貝子敏朗貝勒喀喇泌王及世続那桐桂春等ノ前清大官モ親シク参列セリ外国人側ニ在テハ各国公使及夫人ハ勿論館員武官ノ殆ント全部ト税関員、銀行員、新聞記者等ノ各階級ニ通シ以外ノ多数ノ参列者アリ之ニ在留邦人ノ重ナルモノヲ合セ総員千名以上ニ達シ式場立錐ノ余地ヲ剰サス、支那官憲及外交団ハ全部大礼服ヲ着用シ儀容整然外国公使ノ葬儀トシテハ恐ラク空前ノ盛儀ト云フモ不可ナカル可ク又本日ハ大総統府ヲ始メ在京各支那官衛並各国公使館兵営ハ薨去発喪当日同様一律半旗ヲ掲揚シ弔意ヲ表シタリ」

袁大総統の弔詞は誠に真情溢れるものであった。葬儀は一時間半で終了した。

次いで山座公使の遺骨は、夫人及び日本から駆け参じた山座の義弟名護屋氏、未亡人の弟神鞭常考氏に付き添われ北京の地を離れることになった。

この日、六月十一日、霊柩出発の次第は次の通りであった。

一、午後四時三十分霊柩ヲ柩車ニ移ス

一、午後四時四十分庭前整列ノ日本儀仗隊ハ隊長ノ指揮ニヨリ敬意ヲ表シ一同吹奏

一、未亡人以下霊柩序列ニ入ルヘキ各員ハ霊柩ノ移車ト共ニ所定ノ馬車側ニ起立軍隊敬礼終ワルト共ニ乗車

一、同時四十五分隊長ハ前部儀仗隊一個中隊ヲ以テ先導シ次ニ霊柩及未亡人ノ馬車次ニ後部儀仗隊一個中隊ノ順序ニテ出門ス

一、公使館正門ニハ午後四時二十分ヨリ日本兵複哨ヲ立ツ

一、霊柩出門ノ時序列ニ入ルヘキ各国軍隊ハ軍隊敬礼ヲ行ウ

一、霊柩出門予定ノ地点ニ達スルヤ日本儀仗隊隊長ハ先頭ノ位置ニ在テ進ム可キ支那儀仗隊ニ前進スヘキ旨ヲ伝エル

一、霊柩序列行進順路左ノ通リ

公使館正門ヲ出テ伊太利兵営前ヲ通過シ東長安街ニ出テ御河橋ヲ渡リ皇城ノ外堀ニ沿イ財政部前ノ大道ヲ

南下シ右折中華門ヲ左折正陽門ヲ出テ左折停車場ニ至ル

一、序列行進順序左ノ通リ

支那軍楽隊、支那儀仗歩兵六百人以上、日本喇叭手、日本儀仗隊一中隊、霊柩、未亡人及親族館員並ニ民団代表附随、日本儀仗隊一中隊、各国軍隊

霊柩の正陽門通過については、明朝以来絶対に不浄な車の出入りを禁ずる習慣があり、強いて之を破る時は忽ち兇変を見るべしとの迷信から種々なる謡言が起こり、甚だ好ましからぬ結果を来すから、出来れば之を避ける事にしたいとの支那側の希望があったが、ロシア公使・レッサールが死んだ時、葬列が正陽門を通過した先例がある事が判明した。その後交渉の結果、支那側は、「先例有無ノ問題ハ別トシテ大総統ニ於テ特ニ山座公使ニ対シ格別優遇ノ意ヲ表ス為メ霊柩正陽門通過スルコトニ同意スル」旨伝えてきたという経緯があった。

日本軍隊の外に支那軍隊、同楽隊、外国軍隊や日本居留民団が整列して迎える内に北京停留場に着いた霊柩は日本兵によって肩與して柩車に移された。霊柩列車は、支那外交総長から、予め、北京から秦皇島まで特別臨時列車を仕立て、一切の費用を支那側で支弁し、沿道の便宜を計るため外交部員二名を秦皇島まで派遣すると言って来たものであった。

停留場には大総統、副総統をはじめ各部総長部員及び要路の官憲の多数及び外交団の殆んど全ての者が見送り、空前の葬儀とみられた。霊柩列車には、日本軍隊の外、支那旗衛軍一小隊が乗り込み護衛の任に当たり、支那政府、外交団の人々の温情溢れる見送りのうちに、午後六時発車、同九時天津着、塘沽、湯河を経て、十二日午前五時秦皇島に到着した。

秦皇島には旅順停泊中の軍艦「明石」が特に派遣されて待機していた。海軍ははじめ軍艦への婦人便乗は断りたいということだったが、外務省が海軍省と協議の結果、山座夫人と親族一名、男女従者各一名の便乗は差支えなしということになった。

六月十二日の朝は、波高く乗船困難であったが、午前七時無事霊柩及び一行乗艦を終わり、同四十分、抜錨出発したが、出港の際、海折艦は十五発の弔砲を発し、碇泊中の各国軍艦は半旗を揚げて弔意を表した。軍艦「明石」は一路玄界灘を経て航行、六月十八日、外務省を代表する広田弘毅書記官らが粛然と待つ横須賀軍港に到着した。

ここで再び当時の新聞から報を拾ってみよう。

九州日報　大紘、小裕欄　大正三年六月七日

水野参事官が死ぬ前、山座公使に向かって自分が死んだ暁は幕碑銘に「水野幸吉之骨」と書いて貰いたいと遺言したことは先日紹介しておいたが、奇行にかけては後に引かぬ山座公使は成程「墓」というよりも「骨」という方が自然だ。こりゃ面白かろうと大いに骨を折る心組でいた所が意外にも自分までが「骨」になって仕舞った。そこで死んだ水野参事官の遺言も山座公使の手によって果たされる訳に行かないので、両未亡人が相談の上、水野未亡人は山座公使の墓碑銘を、山座未亡人は水野参事官の墓碑銘を各々書くことになったとは禅味のあるような悲しいような面白いような話だ。

九州日報　所蔵　大正三年六月二十日

《悲しき山座公使の霊前―勅使御下賜の白絹二匹を供ふ―》

故山座公使の通夜は涙と共に明けたり。十九日の空は愁雲低く垂れ、麹町一番町の神鞭氏の邸は涙の露に青葉を濡らすぞ悲しき限りなり。午前八時に至るや支那公使代理、頭山満翁、加藤外相、松井外務次官、伊集院公使、内田子爵等をはじめ外交団の人々その他朝野の名士続々訪問し邸の内外は車馬絡繹たり、午前十時勅使高辻侍従は宮中の馬車を駆って参邸、御下賜の白絹二匹を霊前に供へ、恭しく拝礼して退出したるが、集まりたる十四畳の仏間には「蕉中院殿即法有堅大居士」と印したる位牌を安置し、一段低き所には白絹を供え、その下に故人の大好物たる清酒を供えたり。燭火は風なきに揺らぎ、左右には袁大総統をはじめ各国大公使より贈られたる各種の花環は整然として供えられたり、未亡人践香、喪主龍介、神鞭常孝、同常泰、姉婿名護屋繁雄の諸氏は霊前に控へ、しめやかに故人の逸事等を物語り未亡人は阿部政務局長の未亡人、吉岡未亡人と談話を交換しつつありしが、違に女の身とて今更悲しく聞くも語るも涙なり、尚公使の葬儀は明二十日午後二時青山斎場に於いて執行せらる可し。

三　葬儀

さらに、東京に於ける葬儀である。

一九一四（大正三）年六月二十日、山座邸へは勅使御差遣があったが、本葬は、同日、芝青松寺で大本山総持寺貫主・石川素童禅師が導師となり、厳かに取り行われた。

戒名は「蕉中院殿即法有堅大居士」。

参列者多数、彗星の如く散った日本の若き霞ヶ関の偉材を送るにふさわしい盛儀であった。

当時の葬儀の模様を伝える記述を紹介しよう。

《荘厳なる山座公使の葬儀―細雨靡々として物の哀を添ゆ―》

任地北京に於いて客死したる註支公使正三位勲一等山座圓次郎氏の葬儀はしとしとと降り続く雨の中を同二十日午後二時青山斎場に於いて荘厳に仏式を以て執行せられたり。之より先き麹町一番町の山座邸に於いては黒繻子にて覆われたる柩の安置せられたる奥の十畳間には、遺族を始め親戚知己参集し、出棺準備を整え正午十二時僧侶の読経あり。一同の焼香終わり、次いで同三十分となるや、霊柩の上には各方面よりの寄贈の花環を飾り、伊集院公使、福原文部次官、寺尾博士、明石歩兵大佐等は故人の棺側に従い総持寺石川素童及び副導師、秋葉山総長、日置黙仙師以下四十余名の僧侶は棺前に養嗣子龍介氏及び未亡人賤香其他遺族の親戚等は棺後に従い、会葬者は途中行列を廃したる事とて、斎場に先着し数十両の馬車は湿やかに打ち続き青山斎場に向いたり。斯くして定刻午後二時祭場に着したり、此処にて大隈首相代理、加藤外相、八代海相、松井外務次官、平田同参事官、谷口高級副官、古谷書記官以下数百名は棺の到着を待ち居りたり、軈がて柩は正面の壇上に安置せられ、喪主及び親族、会葬者一同着席せり。日置副導師は点茶点湯の式を行い石川導師及び衆僧の読経あり次いで両側に整列せる儀仗兵の棒銃の礼あり、伏見宮同若宮両殿下の代拝に次いで、弔辞の朗読あり、未亡人賤香は喪主龍介氏の後に従い、悄然として霊前に進み焼香をなし、次いで吉岡大佐の未亡人、神鞭常孝、同常泰氏その他友人会葬者の焼香ありて全く式を終わりたるは午後三時過ぎなりき。斯くて式後遺族近親は降り続く雨の中を物ともせず霊柩と共に墓地に向かい予定の如く遺骨の埋葬を行いたり。

なお、山座の墓地は、青山霊園東四通一種ロ二四、二五側一番甲（珍田捨巳、小村壽太郎、加藤高明らの近く）にあり、九州、慈眼寺（福岡市中央区今川二ノ三）の墓には分骨が収められている。青山の墓石の「山座圓次郎墓」の字及び墓誌は共立学校時代の恩師の杉浦重剛の筆になる。

四　急死疑問

四十九歳知命の齢にも足らず、支那を呑む大鴻の志を懐きながら、山座が支那公使館で斃れたとの報は内外に衝撃を与えた。

政府民間の者は惜しい国士型の外交官を亡したと残念がった。特にハイカラな弱腰連中ばかりと思われる外務省にも気骨のある少壮派は居る。彼らは山座が政府に強硬進言してくることも、弱腰に飽き足らず憤慨して辞めると電報を打ってきたことも、山座が袁の帝政運動を牽制しつつ帝国の権威を張ろうとしているため、袁から目の敵に狙われていたことも知っていた。だから山座の女房役として名コンビを謳われた豪快な参事官・水野幸吉が二十三日北京で急死したのに一週間も経たずして、相次いで二十八日山座が急死したと聞いては、てっきり袁に毒殺されたのだと直感したのも無理はない。ここから山座の毒殺説は生まれ、今でも信じられている所以であろう。

少壮派は加藤外相の許に駆けつけて、山座の死を無駄死にとさせぬように、この機会に袁世凱を徹底的に叩きつけて貰いたいとなじったのであった。

加藤は少壮派の頼もしい憤慨に感じ入ったものの、立場の苦衷を述べ、必ず山座の霊を慰めるようにするから妄動を慎んでほしいと訓した。少壮派も外相の鎮撫に会っては致し方ないので引っ込むよりは外がなかった。その後対支二十一ヵ条の強硬要求が発動したのは翌一九一五（大正四）年の五月であった。加藤外相が、少壮派に言明した通り断乎として最後の通牒付きで通告したのも、山座の霊と遺志に対してやったものであろう。


ここで山座の急死の謎について見てみよう。


毒殺肯定説は、この二人の支那通の超ベテラン外交官の活躍は支那人のみでなく、外国使節の間でも怖れられていたので（特に、イギリス公使は強敵出現と見做していた）、何れからかの差し金で、支那人のボーイが一服盛ったというのである。

支那人の毒殺の術は、あっという間に殺すのではなく、長い日時をかける。例えば、山座は日常の癖として、本や書類のページをめくるとき必ず、唾をつけてめくるから、その場所に砒素でも塗っておくとか、リュウマチで何時も薬を飲むから、その水に少量ずつ入れるとかすれば、数ヵ月続ければ自然に体力を弱らせるというものである。

また、最も信じられていたのは、山座が袁世凱の帝政運動を牽制しつつ帝国の権威を張ろうとしていたため、袁から目の敵に狙われていたことは周知の事実であったし、又、山座が孫文らの国民党に肩入れしていたのを袁が快く思わず暗殺したとの説であった。

ここで肯定説を肯けるとする当時の支那の状況について山座が関わった事を中心に今少し見てみよう。

一つは、山座が慟哭したという石油坑の利権獲得問題である。

この石油坑についての経緯を山浦貫一著『森恪』（原書房　一九八二）より窺ってみる。

当時陝西省延長県に石油坑区の問題が起こり、その利権について米国と競争する必要上、三井物産社員の森恪は現地調査のために部下和田正世を現場に派遣したことがある。

和田は次のように述べている。

「丁度、光緒戊申、一九〇七（明治四十）年であったと思う。米国のスタンダード石油会社が延長県石油坑を借款したとかするとか、当時は我が国にとっても外交問題、政治問題として相当重要視された。北京駐在公使・山座圓次郎氏もこの権利を米国に渡すまいと躍起になっていたし、森さんはこれは国家の為にどうしても米国と競争して利権を我が国のものにしなければならぬと直ちに調査に取り掛かった。

我が政府でも調査することになり、外務省の命令で、湖北省武昌の某学堂に教鞭を執っていた渡邊理学士と一人の通訳を延長県に派遣した。自分も森さんの命を受けて武昌にいた松坂という理学士を伴い、政府派遣の一行に加わり、調査のため現地に向かった。

当時はまだ、京漢線の鄭州までしか鉄道はなく、西安までは汽車がなかった。そんな交通不便時代であった。鄭州から陸路潼関等の難関を越え、延長県石油坑まで実に五十日間を費やした。

自分が、森さんから命を受けた調査の要点は、

一、現地に行き、同石油坑が果たして米国人の技師によって開設されているや否や

一、噂に伝えられる如き大油坑なりや否や
一、あの交通不便な土地を如何にして運搬するか
一、沿路の地図
一、黄河水運は実際的に使用可能なりや否や
一、スタンダード石油会社の借款が実際に締結されたものであるか否かを西安の省長に会見し確かめる事等々であった。
自分にとっては相当重大な使命であった。やがて現場に到着して目撃するに及んで、自分は想像以上に貧弱な設備であると聊か悲観した。同石油坑が専門的に価値あるものかどうかは別としても、文明的なボーリングを試みた形跡さえ更になく、二、三の井戸を開いた跡が見受けられるのみであった。

帰途には、西安に一ヵ月以上滞在し、陝西省長・張守正とも屡々会見した。スタンダード石油会社借款問題は、当時西安駐在の同会社員との間に交渉された事実はあるも、当時宣伝された如くには未だ大借款契約が成立した事実はなった。省長・張守正は、湖南省長沙の出身で非常に好々爺であった。

西安からの帰途は四川省へ向かうため秦嶺を越え成都へ出て、漢口へ帰ったのは八ヵ月ぶりであった。その間に森さんは上海に転勤していたので、森さんに報告しようと意気込んで帰ったのにがっかりした。それでその報告はコピーを上海の森さんまで提出した。しかし今日では自分の手許にも残っていないので誠に残念に思う」

右の石油坑問題には森が随分意気込んだことがこれによっても分かるが、一方、山座公使もその石油坑の将来の重要性を認め、また氏の抱懐する大陸政策の見地からもその利権の獲得に努めたのであった。しかし

ながら時の政府当局の反対に遭ってそのまま有耶無耶に握り潰されてしまった。

和田氏を現地に派して調査させた材料によって作成した調査書類は、森の手から山座公使に交付し、外務省で保管することにしてあった。それを一九二二（大正十一）年に、森がある必要から書類を一見したいと外務省に申し込んだことがある。外務省からは、何處に保管してあるか不明なりとの回答があった。

「山座公使と僕とでやった秘密の書類が未だある筈だ。中には支那側の正式調印したものもあるのだが、外務省がこれ等の重要な国策国権関係の書類保管に粗漏では困る」と森は歎息して言った。余程残念に思ったらしい。

小村壽太郎侯に次ぐ熱血名外交家と称され、近き将来の外相と目された大陸外交の先駆者山座圓次郎公使と、同じく大陸政策に生涯を捧げ貫いた熱血児森恪（付記参照）が弱冠二十四、五才にして、当時大いに肝胆相照らし意気相投じ、共に提携して国権のために活躍した事実は余り世人に知られていない。

二つ目は、第一革命の主導力として活躍した中国同盟会は共和新政体の樹立と共に、秘密結社から公然たる政党となっていたが、国会組織法と衆議院選挙法の公布を機会として国民元（大正元）年八月、年新たに「国民党」を作った事である。

この事については、広田弘毅が一九三八（昭和十三）年の山座二十五年追悼会の際、辛亥革命の報をロンドンで聞いた山座が述べたとして次のように披露している。

「今、孫・黄（註：孫文と黄興）がああいうことをやっているが、その結果如何によっては、或は支那に対して非常な損を来す事がないかと怖れる。余程支那の将来について考えなければならぬ。特に若し今のようにして支那を打ち壊してしまうと、他日支那が幾多の部分に分裂するようなことになった場合の日本の立場というものは、甚だ寒心に堪えない。この革命の結果が日本に如何なる影響を及ぼしてくるかという事は注意を払わねばならぬ。単に経済上の場合を考えても、支那が分裂して関税組織が分割されるような場合には、数か所に於いて関税を払わなければならぬという様な事態が生じて来て、その将来は思いやられる点がある」

内乱の続発の結果、支那の国家分裂を最も恐れたこの山座の考えは、南方の首領たちが、頭山満の忠告に拘わらず動乱を起したことを責め、この上暴動を続ければ亡国の運命を早め、亡国の重責は彼らに帰すべきものであると極め付け、東満東蒙割取を大愚論とし、一方では満鉄以外の問題を一つずつ片づけ、他方では支那全土に我が勢力を扶養して分割を防ぎ、東亜の大局を維持すべきことを強調している。

孫文が以前から、日本が革命を助けてくれれば満蒙を日本に譲渡すると説き回っていたことは事実であり、袁の工作に対してじっとして居られず起ちあがり、忽ち資金に詰まってしまったわけである。曽て孫文をシンガポールへ渡航させた時も多額の資金を工面してやるなど、孫文に対して充分の同情を持ち、且つ玄洋社同人らの大陸施策の意見も知った上で、尚且つ冷静に時局を見ている山座の判断は、当然とはいえ、余程の自信と胆力がなければ容易に下せるものでないことは言うまでもない。

国民党に対抗する政党としては、一方に袁世凱の御用党たる共和党があり、二大政党の対立の陣容が整ったので、国民党は臨時約法による牽制政策に従って、議会に絶対多数の発言権を占めて袁の権勢を封鎖する方針を定め、宋教仁はじめ選り抜きの闘将は四方に遊説して大いに活躍した。

選挙は民国二年二月に終了し、その結果は衆議院議員五百九十六名のうち国民党二百六十九名、共和党百二十名、参議院議員二百七十四名のうち国民党百二十三名、共和党五十五名で、両院ともに共和党は多数党の名を国民党に奪われ、仮に群小諸党の全部が共和党に付いたとしても、表決権の可能範囲である全数の三分の二を占め得ない惨敗となり、袁をして極度に失望させたのであった。

臨時大総統就任以来袁の武断統一政策は次第に露骨となり、国民党との関係も日を追って先鋭化しつつあったが、この総選挙の意外な敗戦に直面するや、買収、脅迫、暗殺、監禁等あらゆる悪辣な手段を尽くして国民党の切り崩しをやった。

この時突発したのが宋教仁暗殺事件である。宋は国民党の手で政党内閣を組織しようと暗中飛躍を試み、国民党の飛龍といわれた人物であった。三十一才の若手ながら、袁は政敵のうち彼を最も怖れていた。その宋が、国会に臨むため上海を出発しようとする際、北停車場のプラットホームで凶漢のピストルに斃れた。

宋教仁暗殺事件は一九一三（大正二）年三月で、孫文の日本滞在中の出来事であった。

孫文の支援者であった山田純三郎氏は当時のことを次のように振りかえる。

「私共が東京の大歓迎会を辞して長崎にいた際に宋教仁が上海で暗殺されたのである。それは袁世凱の方の手であったことを聞いて、袁に誠意がないことが判り、一方李烈鈞は同志を糾合して九江で第二革命の烽火を挙げた情報が入ったので、私共は早々上海に引き揚げたのである。当時上海では陳其美が相応じ、その他各方面で挙兵したのであるが、これがまた線香花火的に悉く失敗に終わって、同年八月、孫文派の者は已むなく又日本へ亡命したのであった」

袁の下に組織された暗殺団は北京天津を根城に暗躍して次々に国民党要人を暗殺した。暗殺手段にはピストルの外に、巧妙なる毒薬または細菌が用いられた。

国民党の憤慨は極度に達し、双方の関係は愈々険悪となった。然もこの成り行きを更に悪化させたものは善後大借款問題であった。即ち、正式国会は民国二年四月八日から北京で開会されたが、政界の風雲は殺気立つばかりである。そこへ突然、袁が国会の承認を経ずに日英独仏露の五国銀行団との間に二千五百万ポンドの借款契約を調印したことが発表されたのである。この専断振りが宋教仁暗殺事件と絡みついて遂に第二次革命の導火線となった。

このことも孫文を支持する山座を快く思わない袁世凱による暗殺という説を否定できない点である。

三つ目は、一九一四（大正三）年四月、我が国で大隈内閣が成立し、連合国側の請を容れてドイツに宣戦を布告、その十一月にはドイツの東洋における占拠地膠州湾を占領してその機に山東問題、満蒙問題の懸案を解決しようとして加藤高明外相が所謂二十一ヵ条の要求を袁世凱に対して提出した事である。

締結された所謂二十一ヵ条は次頁の通りである。（加藤外相第三十六議会外交演速記による）

第一、山東省に関する件

（一）独逸が山東省に関し条約その他により支那より獲得したる権利利益譲与等の処分に付、将来日独間に協定すべき一切の事項を承認する事。

（二）山東省の不割譲を保証する事。

（三）芝罘又は龍口と膠湾鉄道とを連絡すべき鉄道の敷設権を日本国に許与する事。

（四）山東省の主要都市を解放する事。

第二、南満洲及び東部内蒙古に関する件

（一）旅順、大連租借期限並びに南満洲及び安奉鉄道関する各期限を更に九十九ヵ年延長する事。

（二）日本人に対し各種商工業上の建物の建設、又は耕作の為必要なる土地の賃借権、又は所有権を許与する事。

（三）日本人が居住往来し、各種商工業及其の他の業務に従事する事を許す事。

（四）日本人に対し特に指定せる鉱山採掘権を許与する事。

（五）他国人に鉄道施設権を与え、又は鉄道施設の為多国人より資金の供給を仰ぐ時、並びに諸税を担保として他国より借款を起こす時は、予め帝国政府の同意を経べき事。

（六）政治財政軍事に関する顧問教官を要する場合には帝国政府に協議すべき事。

（七）吉長鉄道の管理経営を九十九ヵ年間日本に委任する事。

第三、漢冶萍公司に関する件

（一）日本国資本家と同公司との密接なる関係に顧み、公司を適当の機会に日支合弁となす事。並びに支那政府は日本国の同意を経ずして、公司に属する一切の権利財産を自ら処分し、又は公司をして処分せしめざるべき旨を約する事。
（二）日本資本家側債権保護の必要上、支那政府は本公司の承認を経ずして之が採掘を公司以外のものに許可せざるべき旨、並びにその他直接間接公司に影響を及ぼす虞ある措置を執らんとする場合には、先ず公司の同意を経べき旨を約すること。
第四、支那沿岸の港湾及び島嶼を他国に譲与又は貸与せざるべき旨を約する事
第五、懸案解決その他に関する件
（一）中央政府に政治財政及び軍事顧問として有力なる日本人を傭聘する事。
（二）支那内地に於ける日本病院寺院、及び学校に対し土地所有権を認める事。
（三）必要の地方に於ける警察を日支合同とするか、又は是等の地方に於ける警察官庁に日本人を傭聘する事。
（四）日本より一定数量の兵器の供給を仰ぐか、又は支那に日支合弁の兵器所を設立し、日本より技師及び材料の供給を仰ぐ事。
（五）武昌と九江南昌線とを連絡する鉄道及び南昌杭州間、南昌潮州間、鉄道敷設権を帝国に許与する事。
（六）台湾との関係、及び福建不割譲約定の関係に顧み、福建省に於ける鉄道鉱山港湾の設備に関し外資を要する場合には先ず日本国に協議すべき事。
（七）支那に於ける日本人の布教権を認むる事。

問題は二十一ヵ条中第五項の秘密条項であった。他の部分は袁も承知したが、これだけはどうしても肯かない。しかも秘密条項は支那側から諸外国へ筒抜けである。それを材料として欧米諸国は、日本牽制の雑音を入れる。

そのための折衝が続けられていたのである。


四つ目は、山座が政務局長の時代から関わった中日實業株式会社創設・改称移行の問題である。


支那では、三井物産社員・森格らが、三井物産を動かして中日實業株式会社を創設し活躍していた。

従来、支那では法規によって、外国人はその居留地外に出て事業を起こすことが禁じられている。従って支那で活躍中の邦人事業家は甚だしい不便を感じていたのである。そこで支那人との合弁に依らなければ発展を期し得ないとの見解に達し、合弁を望む機運が醸成されて来ていた。


そこへ、その時偶々投じられた一石が三井銀行員・尾崎敬義氏の論文『対支放資論』で、この論文が期せずして中日實業創立の直接の動因を成したのであった。

尾崎敬義氏一行は、同行が支那大陸へ発展するにつき調査視察のため、一九一〇（明治四十三）年末から約一ヵ年間に亙って支那各地を旅行した。

その後、翌年十二月に帰朝し、重役会の席上で述べた対支放資に関する報告が即ち問題の『対支放資論』なのである。

この論文は経済問題を政治的視野から、我が国の対支政策に立脚して一元的に論じている点で、従来に於ける一商業人の経済事情に限定された単なる視察報告書とその類を異にしている。

論文は、緒言、支那の財政、支那の外債、支那の担税力、支那の海外貿易の現状、支那商業銀行の融通力、支那に於ける資金の欠乏と外資、支那の資金欠乏と三井銀行、三井銀行と三井物産会社、我国資本家の連合、東亜興業会社の改造、欧米資金の利用、興業的企画、経済的小借款、結論の十五章からなっている。

氏は「支那に於ける資金の欠乏と外資」に於いて各外国銀行が何れも相当なる国策的立場の下に活躍していることを述べ、その証拠を次のように挙げている。

「英の香上銀行をはじめ各国の銀行は経済上何らの価値なき北京に、何れも輪奐の美を極めたる店舗を設け、其支配人は恰も外交官の如き態度を以て、陰に陽に北京の大官など出入し、口舌の間に何らかの仕事をしている。（中略）要するに支那刻下の運命は借款に依って初めて開発することが出来ると同時に、列国の立場から見ると、支那に於いて苟も相当勢力とか発言権とかを得ようと思えば、どうしても金を貸すより外に手段はなく名を変えていえば、目下の支那に放資をするという事は、其金利で儲けをするというような単純な目的でなく、金を貸すのは手段であって、其の第一の目的は利権の獲得である。第二の目的は勢力の扶植である。第三には又あるより大なる目的があるかも知れない。兎も角も刻下の支那問題は所詮金の問題に外ならないのである」

更に氏は「経済的借款」に於いて、

「今日に於いて痛切に必要を認めているのは公債よりも何よりよりも、鉄道、鉱山、その他有利の工業に放資することで、何故ならばこれらこそ真実に利権獲得の目的を達するに好個の放資物である」と説いている。

結論として、我が国資本家の連合を説き、其の対案として、

「現在の東亜興業会社を改造して支那側の参加を求め、日支合弁組織にするのが愁眉の急策である」と提案している。

要するに英国のフィニッシュ・バーク・コーポレーション（投資機関の研究で有名）のようなものを我が国でも作るべきであるというのが尾崎氏の『対支放資論』の基礎となっていたのである。

これより先、我が政府の対支投資機関としては東亜興業会社が唯一のものであった。一九〇九（明治四十二）年の創立で古市光威工学博士が社長であった。

尾崎氏がその具体案として、この会社を基礎として改造することを提唱したのである。

東亜興業が最初に契約した借款は南潯鉄道の三百万円であった。これは江西省の九江・南昌間の鉄道敷設にかかるものである。工事は大倉組が請け負った。これが支那に於いて我が国が鉄道工事を請け負ったそもそもの最初であった。

ところが当時東亜興業は日支合弁でなかったため、愈々工事に着手する段になると種々法規上の障害に当面して起工が困難であった。そこで便宜上、大倉の倉を支那流に綴り「久楽公司」と名を変えて工事の許可を得た。これも変則ではあったが、この苦策の裏に、合弁に依らなければ支那での起業の全く困難である実状を察するに余りある。

森は、「合弁は対支政策として実現させねばならぬ最大の急務である」として、この論文を基礎に政府当局に働きかけ、これの実現のために邁進せんことを謀ったのである。

一九一二（大正元）年、論文『対支放資論』をパンフレットとし、之を時の総理大臣・桂太郎（第三次桂内閣・外相は桂総理兼務）、外務次官・石井菊次郎、政務局長・山座圓次郎、蔵相・若槻禮次郎、大蔵次官・勝田主計、軍部方面では岡俊六、軍務局長・田中義一、その他駐支公使・小幡酉吉、小村壽太郎、井上馨、民間有力者では澁澤栄一、大倉喜八郎、安田善三郎、大橋新太郎、益田孝、倉知鐵吉、郷誠之助、藤山雷太、和田豊治等々の諸方面に送付して与論喚起に努めた。

政府当局もその必要性を認め、対支政策の一端として急速に計画が進められ、遂に実現を見るに至ったのである。

しかし、この件が袁を刺激した。

中国興業が中日實業と改称した始末は次の如く尾崎敬義氏が述べている。

「孫文が没落して袁世凱の時勢に適合させる為に変更しなければならなかった。それで森恪氏が袁の政府と交渉して孫文一派が日本から借りていた金を袁一派で借り換え、重役も取り換えることになった。その時に名称を取り換えてくれというのが袁世凱の注文で改めると同時に楊士琦が総裁になった。それで今度は袁の勢力下に中日實業を置いて支那の方に登記した。袁世凱の方では『中国興業というのは南方革命派が主だ、それでは困る。どうしても自分の方と替えなければならん』ということになった。それで澁澤さんにも交渉して澁澤さんの方から孫文に交渉したところ、『自分は革命をやらなければならんから、この方は辞して、自分の方の持ち株も北京の方に譲ってもよろしい』という態度に出たので、袁がその金を交通銀行から引き取った訳だ」

即ち第二革命の失敗の結果、孫文の失脚となって政界から身を退くや、当時の大総統・袁世凱も亦富源開発の念熾にして、該社を北京政府側で引き受け度との意あり、孫氏もまた之を北京側に移すことに同意したので、同二年十一月袁は澁澤男爵の来燕を慫慂したが、澁澤男爵は微恙のため倉知鐵吉氏が代わって北京に赴いて当局と協議の結果、翌一九一四（大正三）年四月二十五日第一回定時株主総会を東京に於いて開催せる際、中日實業株式会社と改称し組織の上にも多少の刷新を断行した。改組改称の結果、総裁は楊士琦氏。副総裁・倉知、専務取締役・尾崎の両氏並びに森取締役は留任、支那側専務は孫多森氏が改選された。

中国興業の改組は主として三井物産の森恪の提案に依るもので、森はこれのため支那側重役その他の要人（主として帳謇、楊士琦両氏）との折衝に当たり、之を承服させて成功したものであった。

当時の事情は改組直前の一九一四（大正三）年三月、時の駐支公使・山座に宛てた森の書簡に明らかな所である。

拝啓　予て御配慮を辱う致し居候中国興業会社改造に就き此程來支那側と折衝仕候結果漸く本日彼我の間に意思疎通仕り別紙中日實業有限公司章程並に覚書各四通作成致し楊士琦氏支那側を代表し小生日本側を代表して調印仕り彼我各其二通を保存し一通を農商部総長張謇氏の許に保留致すことに相成候別紙各一通御加封申上候間何卒御高覧賜り御心付けの方面へ御移牒成下奉懇願候。

尚支那側株主は既に決定致し株金払込み万端楊士琦氏に於いて支那側代表渡日迄に之を了し株主名簿は総会に於て披露致すことに打合せ申置候其株主中の主なるものは楊士琦、張謇、印錫萱、周金蔵、朱葆三、孫多森、孫傳昂、聶其煒、森経義、周学漑、袁樹冕、白瑞琨、胡宗瀛、李士偉等の諸氏を始め其の他官民中の有力者なる由に御座候日本には楊士琦氏の代理として孫多森氏、南方株主代表者として周金蔵氏及印錫璋氏都合三名の代表者を派遣し何れも四月二十日迄に東京到着のことに致居候如上三名の中周金蔵氏は支那全国連合商業会議所を代表して渡日致すことに相成候やも料られず印錫璋氏近日上海帰着の上確定致すことに相成居候支那側重役の候補者は楊士琦、孫多森、周金蔵、李士偉の四氏を取締役に胡宗瀛氏を監査役に楊士琦氏を総裁に孫多森氏を専務取締役に推挙致すことに相成候尤も周金蔵氏の取締役或は印錫璋氏と相成やも料られず是又印氏上海帰着の上決定致す筈に御座候。

本日楊士琦氏より申来中国興業会社は舊国民党一派の首唱に係わりし関係ありかつ目下本公司改造案の進捗は聊か一部輿論に相反せるやの嫌ありて多少の論難を予期せざるべからざる成り行きと相成り居り加ふるに日本には第二革命に関係ある亡命者多数在留致し居るのみならず日本に於いては曾て李鴻章狙撃其他杞憂すべき事件ありて北方政府に関係深き者の行動は往々誤解を招きて不測の禍に遭遇するやの懸念無きに非ず殊に孫多森氏は一層亡命者等の注目を惹くの傾あるやに存ぜらるるに付支那政府よりは支那公使へ配慮方指図を致し日本官憲に於かれても特別の御保護を加えられ候様御取計ありたしとの申出有之候就ては這般の事情御配み取の上何分の御心添賜はり一行をして安心して旅行を果し得る様御配慮被成下度奉願上候　敬具

大正三年三月二十一日　北京にて

森恪

このように、報告と来京の折の配慮を願い出ている様子が偲ばれる。

山座にとっても政務局長時代からの懸案がやっと現地で成就されるという感慨深いものがあったろうし……その澁澤男爵一行の渡支がなされた時に急逝するとは……。

利権獲得へと邁進する袁にとっては未だ孫派らへの不満があったのだろうか。孫派に肩入れする山座にとばっちりがきたのであろうか。

他方、毒殺否定説は、軍医の死因報告（松平代理公使の外相宛報告の基礎）こそを信ずるべきで、毒殺説の如きは全くの荒唐無稽の作り話であるというものである。

医学的に、山座の死因を考察する時、先ずはアルコール乱用が原因で起きる心臓病のアルコール性心筋症（拡張型心筋症）が基本的にある事は疑いのないところである。

アルコール性心筋症では心臓へのダメージの種類が何通りかある。

心筋が傷んで全身に血液を送り出せなくなる。左心室が血液を全部送り出せなくなり、残った血液がたまって大きく腫れる。心臓が送り出す血液の量が減る代わりに、血圧を上げる、血圧が高くなると心臓と血管に更に負担がかかる訳となる。心筋、心臓の一部の弁、血管が傷つき負担がかかりすぎて、最終的に機能しなくなり、身体のあらゆる部分に症状が現われる。

よく現われる症状は、息切れ、脚のむくみ、拍動が速くなったり乱れたりする、脈が速くなったり乱れたりする、疲労感、脱力感、目まい、失神する、肝臓が腫れる、咳をするとピンク色の泡状の痰が出るなど。うっ血性心不全を招いて、死に至る恐れもある。

アルコール性心筋症治療の第一歩は、生涯一滴も飲まない「断酒」である。アルコール性心筋症は全身に障害を及ぼすが、早期発見して断酒出来れば、一部の障害は治る。回復にかかる時間は、アルコールを乱用していた期間と酒量により異なるが、心臓の機能がすでに低下しているようなら、完全に回復することはあまり期待できない。心臓の負担を軽減するために、食事内容と生活習慣を変えなければならない。医師から減塩し、利尿薬を飲むように指導されるかもしれない。

なお、アルコール性心筋症の発症率が最も高いのは三十五～五十歳の男性である。

次いで、山座のリュウマチである。歩くのが困難な位の関節リュウマチに罹患していたとされる。

関節リュウマチは、自己免疫疾患の一つで、現在では患者数が全国で七十万～八十万人と推定され、所謂リュウマチ性疾患の中でもっとも患者数が多い疾患である。

男女比は一対四と女性に多く、働き盛りの三十～五十歳代が発症のピークと考えられている。

免疫の異常により、関節を裏打ちしている滑膜という組織に持続的な炎症が生じる疾患で、典型的には手の指や足の指などの小さい関節に対称性に関節炎が生じるが、膝などの大きな関節が侵されることも少なくない。

薬物療法でしっかり炎症を抑えないと、軟骨の破壊と骨には糜爛が生じ、最終的には充分に機能しない関節になり、外観上も尺側偏位、スワンネック変形、ボタン穴変形、高度外反母趾などの特徴的な形を呈する。

また痛みのある関節を動かさなくなることで関節の動く範囲が狭くなったり、ひどい時には強直といって関節がひと塊の骨となって動かなくなることもある。朝のこわばりも特徴的で、起床後手を握れず、衣服の着脱などの朝の身支度が困難になるなど生活に支障を来す。また全身倦怠感や易疲労感を持つことも特徴の一つである。

関節症状以外にもリュウマチ結節という皮下結節が出来たり、血管の炎症に由来する多彩な症状が出たりすることもある。

関節リュウマチの自然経過にはいくつかのパターンがあると考えられており、病期が発症して短期間で多くの関節の破壊が進む人もいれば、初期だけ症状があり、一、二年で自然と寛解にいたる人もいるが、多くは症状が良くなったり悪くなったりを繰り返しながら徐々に関節破壊が進行していく。

原因は完全には分かっていないが、遺伝性があることは確実で、これまでに百以上の疾患の発症に関わる遺伝子が明らかになっている。また喫煙もリュウマチの発症や進行に関与していることは確実で、遺伝的な体質に喫煙などの環境要因が重なって免疫機能に異常が生じて病気は発症すると考えられている。

しかも山座は、リュウマチ性心臓病に罹患していた可能性もある。

一般的にリュウマチ性心臓病といった場合は、リュウマチ熱によって起こる心臓病の総称で、急性リュウマチ熱による心炎は、心膜炎・心筋炎・心内膜炎及び全心炎の形をとる。また、異常心雑音、心膜摩擦音心拡大、うっ血性心不全がみられる。

リュウマチ熱はα溶連菌という咽喉頭炎などを起こす細菌の感染が原因とされ、中でも、ある特殊なグループの細菌が原因であることが解っている。

　リュウマチ性心臓病は幼少期にリュウマチ熱を罹った人に多く発症し、小学生の中盤あたりから高学年で現れる。リュウマチが原因で心臓に機能障害を引き起こす病気なので命の危険を含んでいる。また、リュウマチ熱による心内膜炎の後遺症としてよく見られるのが心臓弁膜症で、成人してから発見されることが多く、中でも僧帽弁閉鎖不全症がよくみられる。更に、僧帽弁狭窄症、大動脈弁狭窄症または大動脈弁閉鎖不全症を併発することもある。心臓の機能障害は主に心臓弁膜が厚くなり心臓弁が機能をしないので血液の循環が滞り、心不全や不整脈を引き起こす。

第七章　山座圓次郎を偲ぶ

一　山座の霞ヶ関文学

山座は名文家であった。日露の宣戦布告文も山座の起草が事実である。当時霞ヶ関文学は山座によって創始されたといわれ、彼の書いた外交文書は模範として数限りなく外務省に今尚保存されている。外交文書の代表的意見書と数多い彼の手紙からそれを垣間見てみよう。

○

先ずは日英同盟に関わる時、小村外相の意向を受けて山座政務局長が元老会議に提出すべく「日英同盟結ぶべし」と書いた意見書である。外相はこれを元老会議に提出した。

《日英協約ニ関スル意見書》

清韓両国ハ我邦ト頗ル緊切ナル関係ヲ有シ就中韓国ノ運命ハ我邦ノ死活問題ニシテ頃刻ト雖モ之ヲ等閑ニ附スベカラス故ニ帝国政府ニ於テハ従来シバシバ韓国ニ関シ露国ト協商ヲ試ミタルモ露ハ韓国ト境ヲ接シ且満洲経営ノ関係アルカ故ニ我希望ニ反対シ為メニ今日ニ至ル迄未タ韓国問題ノ満足ナル解決ヲ見サルヲ遺憾トス

然ルニ一方ニ於テ露国ノ満洲ニ於ケル地歩ハ益〻固ク従令今回ハ撤兵スルニ於テモ尚彼レハ鉄道ヲ有シ且之レカ護衛ナル名義ノ下ニ駐兵ノ権ヲ有ス故ニ若シ時勢ノ推移ニ一任セハ満洲ハ遂ニ露ノ事実的占領ニ帰スヘキコト疑ヲ容レス満洲既ニ露ノ有トナラハ韓国亦自ラ全フスル能ハス故ニ我邦ハ今ニ於テ速ニ之ニ処スル

ノ途ヲ講センコト極メテ緊要ニ属ス

　蓋シ之ヲ過去ノ歴史ニ徴シ現下ノ事態ニ鑑ミルニ露ヲシテ我希望ノ如ク韓国問題ノ解決ニ応セシムルハ純然タル外交談判ノ能クスル処ニ非ス之ヲ為スノ方法唯ニアルノミ即チ一ハ我希望ヲ貫徹スルカ為メニハ交戦ヲモ辞セサルノ決心ヲ示スコトニハ第三国ト結ヒ其ノ結果ニ依リテ露ヲシテ已ムヲ得ス我希望ヲ容レシムルコトナリ然レトモ露国トノ交戦ハ常ニ出来得ル限リ之ヲ避ケサルヘカラサルノミナラス満洲ニ関スル彼レノ要求モ大ニ温和化シタルヲ以テヨリ進ンテ最後ノ決心ヲ示スヘキ正当ノ口実ヲ有セス故ニ結局第二ノ方法ニ依リ他ノ強国例ヘハ英ト結ヒ其ノ共同ノ勢力ヲ利用シ以テ露ヲシテ已ムナク我要求ニ応セシムルノ外良策ナシト思考ス

　仮リニ純然タル外交談判ヲ以テ露ト協約ヲ結ヒ彼我ノ交誼ヲシテ大ニ親密ナラシメ得ルトスルモ其ノ得失如何ヲ稽フレハ実ニ左ノ如クナルヘシ

　一、東洋ノ平和ヲ維持スルモ単ニ一時ニ止マルヘキコト

日露協約ハ一時東洋ノ平和ヲ維持スルコトヲ得ヘシ然レトモ露ノ侵略主義ハ到底之ニ満足セス進ミテ支那全国ヲモ其勢力ノ下ニ置カンコトヲ期スルモノナルカ故ニ露国トノ協約ハ固ヨリ永ク和局ノ維持ヲ保証スルニ足ラス

　二、経済上ノ利益少ナキコト

　満洲鉄道及西比利亜鉄道ハ今日ト雖モ之ヲ利用シ少ナカラサル便宜ヲ享クルヲ得ヘシ然レトモ該地方ハ将来其人口大ニ繁殖シ諸般ノ事態進歩スル迄ハ貿易上左シテ有望ノ地ト認ムル能ハス而シテ右ノ如キ時代ハ猶頗ル遠シト云ハサルヘカラス

　三、清国人ノ感情ヲ害シ其結果我利益ヲ損スル少ナカラサルヘキコト

近時清国ハ上下挙ツテ我邦ニ親シミ我邦ニ信頼スルノ風ヲ長シ来レリ之レ実ニ乗スヘキノ機ニシテ或ハ通商ニ或ハ工業ニ或ハ文武ノ顧問教育等清国ニ於テ我邦人カ為スヘキ事業ハ一ニシテ足ラス而シテ之ヲ為スニハ清国上下ノ感情ヲ今日ノ如ク良好ニ維持センコト極メテ緊要ナリ然ルニ若シ露国ト協約セハ此ノ趨勢ハ忽チ一変シ所謂千仭ノ功ヲ一簣ニ欠クノ感アルヘシ

四、英ト海軍力ノ平衡ヲ保ツ必要ヲ生スヘキコト

此ノ如ク日露間ノ協商ハ経済上利益少ナキカ上ニ露ト親シミ英ノ感情ヲ害スルノ結果ハ常ニ我海軍力ヲシテ英ト権衡ヲ保タシメサルヲ得サルニ至ラシム

之ニ反シテ若シ英ト協約ヲ結フニ於テハ左ノ如キ利益アルヘシ

一、東洋ノ平和ヲ比較的恒久ニ維持シ得ルコト

英ハ東洋ニ於テ領土上ノ責任ヲ増スコトヲ好マス彼ノ希望ハ寧ロ現状ヲ維持シ而シテ専ラ通商ノ利益ヲ図ルニ在ルモノノ如シ故ニ英ト協約ノ結果ハ露ノ野心ヲ制シ比較的ニ永ク東洋ノ平和ヲ維持スルヲ得ヘシ

二、列国ノ非難ヲ受クル恐レナク帝国ノ主義ニ於テモ一貫スヘキコト

日英協約ノ性質ハ平和的防主的ニシテ其直接ノ目的ハ清韓両国ノ保全ト清国通商上ノ門戸解放トニ在リ故ニ毫モ列国ノ非難ヲ受クル恐レナク又屡宣言セラレタル帝国ノ主義トモ符合ス

三、清国ニ於ケル我邦ノ勢力ヲ増進スルコト

日英協約ヲ為セハ清国ハ今日ヨリ一層深ク我邦ニ信頼スヘク随ツテ同国ニ於ケル我利益ノ拡張其ノ他諸般ノ計画ヲ一層容易ニ行ハルルニ至ラン

四、韓国問題ノ解決ヲ資スルコト

露国ヲシテ我希望ノ如ク韓国問題ノ解決ニ同意セシムルノ方法ハ結局第三国ト結ヒ露ヲシテ已ムヲ得ス我

希望ニ応セシムルノ外ナキコトハ既ニ陳ヘタルカ如シ而シテ英ハ即チ最モ適当ナル第三国ニシテ之レト結ハハ韓国問題ノ解決上我邦ノ利益ニ帰スルコト少ナカラサルヘシ

五、財政上の便益ヲ得ルコト

日英協約ノ結果ハ一般ノ経済界ニ於ケル我信用ヲ厚クスヘキノミナラス我国力ノ発達増進ハ即チ協約対手タル英ノ利益ニ外ナラサルヲ以テ英国人民ハ寧ロ喜ンテ我邦ノ為ニ財政上及経済上ノ便宜ヲ謀ルヘク政府ト民間トヲ問ハス為メニ便益ヲ得ルコト少ナカラサルヘシ

六、通商上ノ利益少ナカラサルコト

英ノ植民地ハ五州ニ洽ネキカ故ニ若シ日英ノ関係大ニ親密ナルニ至ラハ我邦ハ植民ニ於テ通商ニ於テ其利益ヲ享クルコト満洲及西伯利亜トハ同日ノ論ニアラサルヘシ

七、露国ト海軍力ノ権衡ヲ保テハ可ナルコト

露国ト海軍力ノ権衡ヲ保ツコトハ之レト反対ニ英ト対抗シテ常ニ英ヨリ優勢ノ海軍力ヲ維持スルニ比スレハ遥カニ容易ナルヘシ

以上述フルカ如クナルヲ以テ日英協約ハ日露協約ニ比シ大ニ我邦ノ利益タルコト疑ヲ容ス

終リニ臨ミ今ヤ欧州列強ハ或ハ三国同盟ト云ヒ或ハ二国同盟ト称シ各合縦連衡ニ依リテ己レノ利益ヲ保護竝ニ拡張シツツアリ此間ニ処シテ独リ孤立ヲ守ルハ策ノ得タルモノニアラス現ニ英ノ如キ多年中立ヲ以テ其国是ト為セル邦国スラ尚且他ト協議センコトヲ希望スルニ至ル時勢ノ変遷亦推シテ知ルヘキノミ故ニ我邦ニ於テモ此際断シテ協約ヲ結フノ得策ナルヲ信ス

尤モ英ノ国勢ハ既ニ全盛時代ヲ経過シ多少衰頽ニ傾ケル観ナキニアラス故ニ同国トノ協約ハ一定ノ期限ヲ設置スルヲ以テ得策ト信ス

（明治三十四年十二月七日　外務省蔵版）

○

高級官僚・小野隆助氏に伴われ福岡から東京までの船旅。齢十八、遊学の喜びで胸は張り裂けんばかりだ。落々斉とはその頃の号である。

《東遊行》

十八決志向帝京　滄海茫々無限情
一谷八嶋何処是　咽々猶聞叱咤声
淡路島辺晩咽暗　紀州灘上月色明
自此大海七十里　怒涛如山跳長鯨
汽船恰似一木葉　右低漸定又左傾
船中士女皆如酔　行至横浜始蘇生
嗚呼人心之嶮々　於海思之感慨涙
縦横男児生不食　五鼎死当烹五鼐
何必区々求名利

落々斉拝

（福岡博物館蔵）

○

韓国詰めをして、初めて英国公使勤務となり一八九六（明治二十九）年二月、ロンドンに着いた。山座三十一才の時である。パリが、ロンドンが彼の目にどんな初印象を与えたろうか。ロンドン着三日目、彼は福岡の兄に詳しく報告してきた。パリのカフェは西洋居酒屋と喝破し、道路の見事なこと、服装の高価で素晴らしいこと、従って三等書記官は些か衣服の新調で悲鳴をあげようとしていること。

《巴里倫敦初印象記》

拝啓　陳者益々御健勝の御事と存じ奉賀候次いで小弟も去る十日無事倫敦へ着任候間御放神遊度候。

去る五日マルセイユ着の上其夜は同処に一泊、翌朝九時の急行にて巴里へ向い午後十時には同処へ着仕候。

同処は世界の公園とも称する丈に中々見事なる都府に御座候、凡て目撃する処のもの新奇の与え候により何より始めて御話申可然哉大に惑う計りに御座候。

巴里にて最も大なる通りはシャンゼリゼーと称へ其幅は上野広小路の少しく大なるもの位に不過候へども一哩ばかりの間一直線に通じ其両側には並木行儀よく整列し中央なる車道は木を以て敷き詰め両方の人道は石を以て布詰めあり殆ど其中央とも思う処に例のナポレオン第一世が建てたる凱旋門ありて之を中心として十二本の大道四方に光線の如く通じ居るなり、凱旋門の周囲には種々の石像及び戦地の名彫刻しあり奈翁（註：ナポレオンのこと）偉業の一班を窺ひ得らるる儀に御座候。

又他の道路も凡て石を以て敷詰めあり其道路に沿ふて水道を通じ毎朝人通りの少なき時刻に水道の水ポンプにて街上に撒き馬糞其他の不潔物を洗浄し去るなり。又泥土多く敷石の上に溜まる時は泥かきにて之をかき去る等凡て道路は中々に清潔なるも馬車の往来非常に頻繁にして五月蝿き事無限候。

東洋から巴里に来りて一等人の注意を惹くは絹高帽子の多き事なり。紳士は勿論下等社会のものに至る迄多くは絹の高帽を戴き居り団珍然として往来し居れり、去りながら日本にてこそ団珍なれ当地にては一般の風習なる故別に奇異なる感想も起らず却って普通の高帽は下品に見えて人より軽蔑せらるるの趣あり。倫敦にても同様なれども当地は人口巴里に二倍余あり従がって職工などの下等人民も頗る多数なる故巴里程には高帽の揃ふては見えざるなり。洋服地は凡て黒にして外套等の同様の色なり紳士否中以上のものは皆外出の時にはフロックコートを着する事倫敦等にても同じ。

巴里にて最も賑やかに見ゆるはカフェーと称するコーヒー屋なり、コーヒー屋と云うと雖も料理も出来、酒もあり、云わば広大なる西洋の居酒屋なり、如此のもの各所にありて酒類の出入り中々で賑は敷候、巴里の店は（倫敦にても同様）凡て前は戸に囲はれる長さ二、三間幅一、二間の厚硝子を以て張りつめたるを以て屋内の商品等も外より明に之を見るを得べく之に夜間は電気燦輝として映じ中々に見事なり。劇場は巴里を以て世界第一とする由なれども一度も行かずして止したり。何れ当地在任中には再び巴里へ出直す積りなり、当地から巴里迄は九時間足らずにて乗り得る都合に御座候。

要するに巴里は前申す通り世界の公園にして万事遊ぶに都合よく出来居り又外人の夥しく入込処のため巴里の住民は一般によく外人を取扱ひつまり万事旅客の便を計りて可成多く外人を引付くる様の仕掛に出来居るなり。同処の美術館を見物候処これは又非常の見事にて有名なるラファエル、バン・ダイクの古画等目も眩む斗りにかざりあり其他石像陶器古器物等此等を一一詳細に見物せんには一週間にても尚不足を感ずべくとも考候。尤も右の中多くの重要なるものは奈翁が各所より分捕し来りたるものにして奈翁なくば今日の仏京なく巴里の華は多く奈翁の遺物と存候。巴里の気象は午前は随分寒冷にして殆ど我が東京位に覚へ申候、倫敦は却って一層暖かなり、毎年倫敦の方巴里よりも暖かなる由なるも今年は又格別なる由にて当地のものは今年は全く冬なしと申居候。

巴里に滞留凡そ四日にして去る十日午前十時半巴里を出て北行して午後二時過ブーローニュに着せり。同処は海岸にありて其対岸は即ち英国なり、汽車ブーローニュ桟橋に着すれば直に汽船に乗移り英国へ赴く。此間の海は所謂英国海峡にして其距離二十八英里（海峡の最も近接する処はカレー、ドーバーの間にして二十五英里）なるも平素頗る風涛荒き由に聞へたるが当日は平穏なりし、唯濃霧のため半時間も遅れ対岸なるフォルクストンに着したるは殆ど四時過なりし、此処にて一寸税関の検査を受け直に汽車へ移りて当倫敦へ着したるは午後七時なりし。

倫敦にては不取敢公使館を訪ひそれより其近傍の宿屋に罷越候、尤も宿屋と申候も素人屋にして室を借り其内の賄を受くることにて二、三週間前迄は二等書記官国府寺氏が居住したる処にて他の宿屋に比すれば価も廉く甚だ仕合に存候。尤其中には他の家族も見出し其家へ同居する都合に相成何申右は英語熟練のためにも最も好都合に候。右宿賃は一週間払にして二間借切なるが、其代金は毎週二十五シルリング（一シルリング凡そ我四十七、八銭）と外に食料毎日五シルリング及び石炭代若干なり、故に宿賃は先ず一週間六十シルリングと少しく余と見て不可なし（食事は三度にして昼と晩には麦酒を添う）日本の割より考えふれば頗る高価なるが如く見ゆるも当地にては先ず普通質素なる暮らしと御考被度下候。

当地にて驚くべきは洋服の高価なる事にして昨日早速フロックコート一組、燕尾服一組、外套一つあつらえ申候、合計三百円はかかる事と居存候。尤も下等なる仕立屋に注文すれば半額位にて出来る由に御座候も却って将来のため不利益なるのみならず洋服の事には英人は特に注意するため下等店に注文したるものは直に彼等の目に分かり恥をかく由に御座候。又帽子等も同様にて若し他人を訪ひ帽子を脱ぎ居る時は其裏を見て下等店の記ある時は忽ちボーイ等に軽蔑さるる由よって貧書生などは下等店に洋服をあつらえ其裏なる仕立屋のしるしは直に之を剥ぎ取るやの由随分可笑話に御座候。小弟が購ひたる帽子は二十八シルリングに御座候、即ち十三円内外のものに有之日本の割を申さば中々の高価に候。

先づは不取敢安着のしるしに迄右申上候　匆々　拝具

二月十二日　圓次郎

兄上様

（明治二十九年二月十二日倫敦出）

○

ロンドンで世界外交の桧舞台を見ているうちに少しずつ自信が湧いてくるのも当然だ。

《天晴れ外交官にて候》

拝啓　陳者益々御多祥慶賀至極に存居候、次で小弟も只々壮健を加ふるのみ、近頃は馬鹿に相成候か曾て風邪も引かず頗る愉快に相暮し居申候、近日は例の交際時期にて多忙を極め候のみならず土留耳事件其他外交上刮目の出来事も頗る多く追付け天晴れの外交官と相成候事も難からずと竊に自信罷在候（中断）斯く兄弟四方に星散し各栄達を図るは此上の吉事も無之事には候へども婦人は又格別故繁樹兄（義弟）の御考一つによりては野田（卯太郎）へ書面を発し福岡へ帰任の事に周旋致さすべきかと存候。（下略）

○

山座の長兄龍太郎氏は幼少より弱く福岡に残って税務署務めをしていた。併し時々発病していたらしく兄を想う山座は、どんなに忙しくても、遠く離れていても常に書を飛ばして兄の健康を確かめ、養生を勧める良い弟であった。次の手紙はロンドンの社交期にあっても兄の病状を憂えてキリスト教の教義まで引用して説き真情測々として胸を打つものがある。

《兄の健康を憂う》

拝啓　其後は御病気も愈々御快癒の事と存じ欣賀至極奉存候、井ノ口氏先月十七日着英御依頼の芳簡拝受並に珍品の御恵贈に預かり深謝無比上奉存候。恰も好し、有栖川殿下も御來英、其一夜公使館にて日本料理の御饗応を申上げたる節差上げ、殿下始め一統の賞賛を博した事は全く兄上の御蔭に御座候。

先日来当地交際社界の繁忙の際に加へて英女皇帝即位六十年満了の祝典有之、日夜眼の回る斗りに多忙を極め申候、昨夜も王宮の舞踏会に出掛け今朝二時頃帰宅仕候、又来週は午前九時半より午後の十二時頃までは殆んど寸暇も無き有様にて之には実に閉口仕候、但し来週は当地にて万国図書館会議を催し小弟は日本政府の代表者として参列する事と相成候に付、第一に会議の事とそれより午餐晩餐共処々にて饗応を受け夜は夜会又は演劇等の案内ありて帰宅は何時も十二時前後と存候、今回の祝典中最も愉快なりしは六月二十二日女皇セントポール寺院へ行幸の節寺院へ赴きて行列並儀式を見物したると同二十六日の海軍観艦式に御座候、殊に後者は百五十隻斗りの軍艦皆満艦飾をなして軍港内に行儀よく列をなし其間を蒸気船にて乗り回し見物したるにて其壮観云うも愚かなる儀に御座候、外国よりも軍艦一隻宛出して之を見物したるが中々で近来当地にて出来上がりたる我軍艦富士号は他の外国軍艦よりは最も壮大に見へ日章旗翻々として風に漂う処実に小弟等の肩幅を広くする感有候。

今回の祝典は女皇即位以来の大典にして英国人民上下挙げて大騒ぎを為すも尤もなる次第に有之、二十二日行幸の節の如きは市街の両側と窓は勿論外に建増しをなして、見物人の用に供し一人の席料少なくとも十円以下のものは無之高きは五、六十円に相当致候、小弟等外交官は何れも第一等の場所に英政府より席を供し此費用は免かれ候得ども大寺院までの往復に同僚三人にて雇ひたる馬車一両の借料八十円かかりたるには驚き申候。

二十九日には加藤公使夜会を催し来会者千名に上り中々の盛会にて一同大いに喜び申候、但し其費用シャンパン丈にても九百円全体にすれば五千円以上にても而も随分安上がりの方に御座候当地全体生活の度凡て右にて御承知相成度く尤も右の金は、公使の自腹より出でずして本省より支給すべき都合に御座候。

其他当時の盛観は画入新聞を御送付致す筈につき右にて御承知願上度候。

御病気も愈々御平癒相成候とのこと定めて彼これ御繁忙に御暮し何仕存候、併し多少の御疲労も可有につき若し余りに激労に当られ候ことは却って御健康に宜しかるまじくと存候間先便を以て申送り候通り是非とも御出京を御勧め致度凡そ五、六ヶ月の間気楽に御過し相成候方尤も可然と存候、第一御健康ならん事が最も緊要の次第にて之れ小弟最大の希望に存じ候間他事はさし措き御摂養の工夫御専一に奉願候。

当国のものは別にして熱心なる耶蘇教信者に有之、彼等は自己の健康を害ふ事を以て上帝に対する無上の罪悪と相考居候、何となれば人は皆社会の為に尽くすべしとの責任を以て世に存在すればなり、上帝の始め人を作りたる意思は彼をして社会の為尽くさしめんとするに在ればなり、然るに健康を害ふ時は此責任を尽す能はざる事となるより斯く思考するものに御座候、我邦人の如き宗教心薄きもの並耶蘇教と異りたる宗教を奉ずるものは英人等と同一の思想を有せざる儀に候へども尚世間に対し骨肉に対し自己の健康を害はざる様努め以て人間各々その分を尽くすべきは無論の義に御座候、英国が世界に於て最も富強を誇るは即ち此責任的感想の深きに基くものにして彼等は運動其他最も健康を保全する事に努めその体格等に至りては世界第一と云ふも不可なき義に御座候、小弟も当地赴任以来大に健康の点は注意を増す様相成り候間幸に御安神を乞ふと同時に平素御弱質なる其許様に対しては乍憚御摂養の方法等をも御勧め申度存ずる次第に御座候、何はともあれ御健康を保ち給はん事亡父母の希望は勿論小弟等の熱心に御願申す次第につき他事は一切顧みなく十分御摂養の途を講じ此上御病気の再発致さざるの様御注意相成度、右につきては屢々申し上げ通り一応御上京の事最も然るべくと存候、若し小弟の卑見御採用被下候はば実に幸甚の至りに有之候間御決意の趣御多忙中には存候へども一筆御通知被下度候　不備

七月八日　　圓次郎

兄上様　御膝下

《英国に於ける日本軍艦進水式》

（前略）当地は此頃より漸く春めき有名な霧も跡をかくして日々好天気に御座候、先般書面を差出し候にて女皇のドローイングルームと申し貴婦人方御謁見仰付の儀式あり小生等外交官に属するものは当日参席し得る都合にて過日の野郎共計りの謁見とは遥に感じ候女皇には御不在の事とて皇太子妃殿下代りて謁見を受けさせられ皇族の夫人及び姫方五、六名列座あり続いて皇太子殿下も外数名も御出席有りたり、謁見の順序は外交官第一にて謁見終るも其室を去らず皇太妃其他皇族方の一列の前面に控へ居る其後より他の貴婦人方追々に繰込み小生等と皇族と両側の間を通過して隣室へ行くなり、貴婦人方は皆トレーンと申して一間半余りの美麗なる裾を曳づり手には花の環を持ち静に出て来りて皇太妃の前へ至れば跪きて礼をなすなり、美人多数は凡そ百五十名もありたるなり、其中には取込みて意外の失策をなすものもあり中々に見ものなりし。

御地も今頃は定めし桜花の盛にて賑なる事と存候、当地には桜は御座なく漸く桃杏の花を見る位にて自然の快楽は甚だ少なり、唯此際愉快なりしは予て当国へ注文ある一万三千噸計りの甲鉄艦その外部丈け落成致候に付去月三十一日当所の近傍にて進水式有之、観客無慮二万余の喝采の内に見事船下出来致し夫れより小生等は宴席にて饗応を受け色々日本におべっかの演説などありて近来の快事に存候、先々月には右と姉妹艦なる同形同噸数の甲鉄艦英の北部に於て船下しあり、此等の軍艦が東洋の海面に浮かぶ事となれば中々露等の軽蔑を受くる事無之候へどもなほ一切に仕上る迄は今一年を要すべく又スエズ掘割（註：運河のこと）へかかる大艦を通過出来ざる故亜弗利加を一周せざるべからず彼是にて愈々日本着は翌々年にも相成可哉、先ずは不取敢御無沙汰を謝する為郵便締切前早々如此に御座候。
四月十一日

二　山座の酒の逸話

四十九歳の働き盛りだった山座を殺したのは酒だった。また、仕事をさせたのも酒だった。山座と酒とは切っても切れない。鬼なら金棒というべきだろうか。

山座こそは斗酒なお辞せず、飲めば飲むほど頭脳冴え機智湧くが如く、そんな時に筆を取れば名文忽ちに成るの快男児だった。「酒仙と普通はいうが山座は酒聖だったねェ。そしてあの男は夜が明けるまで飲んで平気なのだから相手が溜まらないやネ」とは玄洋社・美和さんの実話である。そんじょそこらの酒飲みが続く業じゃない。

賤香夫人が主人の素面を見たことがないという事を冗談にしろ言われた位だから、推して知るべしだ。夜便所に起きたら必ず備え付けの四斗樽の栓を引いてお椀でキューッと一杯乾してまた床に就くという位だった。

福岡のわるそう時代から飲みはじめた酒の味は幼にして膏酒に入った形で、東京の寺尾博士宅で吉岡友愛とこっそりと台所へ忍び込んで盗み酒をしようとして、みりんを飲んだ話は既に紹介済みで、日露戦争前後政務局長時代外務省の彼の部屋に行けば一升瓶とビールにあり付けるというのは定評のあったこと、政務局長時代いくら酔っても間違わないという山座が本所松坂町の上泉徳弥の宅で飲んだ時は、何れも酒豪ときているものだからまるで酒飲み合戦、而も無理しないでそんな格好になって仕舞った。「なに酔いはしないよ」（酒飲みが酔いはしないという時は酔っている時だ）と頑張って歩きかけたが、忽ち二階からまっさかさまに落ちかかった。いい案配に足を掴まえたから落ちずに済んだが、まるでヒキガエルを逆さにした格好、これも失敗の一つだろう。

一九〇六（明治三十九）年五月、ポーツマス講和会議の後二度目の渡満で、福島安正少将（当時参謀次長）と関東総督府の軍政事務引継ぎを列車の中でやっていた時、福島少将は酒を見ると吐き気するくらいの団子党、山座は狸々も三舎の酒豪。車中には板を敷き夜具を入れて宿舎代用としていたものだから、辛いものもあれば甘いものもありだ。ところがこれらの御馳走が出るたびに福島少将は団子のアンを口の周りに付け、山座は酒肴の煮しめをしゃぶり猪口を持ちながら辛いのと甘いのとの優劣論。挙句の果ては団子党では天下が語られない、酒飲みは壊すのと、何時も言い合いをするので、随行している者はまた始まったと吹き出したという。

精魂込めて一つの事業をやると体を損じるものだが、日露戦争前後の外交を背負った山座は、戦争が終わってホッと我が身を顧みてびっくりした。

「俺の身体ガラガラ屋根」と漏らしたことがあったそうだ。だから海外行きを望み、いよいよロンドンに行く時は友人たちに「今度向こうに行ったら余り飲まんようにする」と断りながら船には正宗の瓶詰めを何百本かこっそり忍ばしているというので、後で友人たちが憤慨すること憤慨すること。

宿酔の醒めて涼しき船出哉　但し禁酒は当てになり不申候

下関にて　山座

高武君

出帆するまでの寸暇を春帆楼で待っていた山座は、正宗の瓶詰めを船に積んで、見送りの安川具島家の人々や友人に囲まれながらも、もう色に出にけりで微薫を帯びて例のカラカラ笑いが始まっていた。そこへ駆けつけた高武公美（福岡市助役。大学時代から山座家に出入りしていた）に殴り書きしたのが、この狂句、但し書を守らないから早死にする結果になったのだ。

参事官時代英国ロンドンから帰朝した山座は、体を多少警戒して当時の名国手・青山博士に診て貰った。博士は杏林の快傑、山座とは意気投合の仲である。

「この脈なら大丈夫、動脈硬化などありはせぬ。山座、安心して飲め」

これを聞いて豪飲を続けるようになった（広田直話）。青山博士の診断には違いがなく、酒飲みが酒を飲まなくなったら本来の真骨頂が無くなると考えてこの診断を下されたのであろうと推測される。

他にこんな実話もある。

西川将軍直話。

「大正二年七月十七日、山座君は支那公使として赴任するに当たり桃山御陵に参拝しての帰り、京都の旅団長をしていた予（西川）に電話して『君の家に寄るが酒は止めているから用意は無用だ』と断ってきた。しかし予は妻と相談し、酒は止めるもビールはやるだろうと用意して待っていた。山座は細君賤香女史と公館付武官・森義太郎氏と来宅し、山座は且つ談じ且つ飲んで遂にビール一ダースを傾けた。山座は土用前の流汁水を浴したる如き暑さに、礼服を脱ぎ、暑さしらざるありさまで飲むので、豪飲に驚くと同時に傍にいた細君と森君には同情せざるを得なかった。しかしてその夕方には機嫌よく帰られた」

福岡の料亭常盤館の女将の話。

「支那に赴任する途次（七月二十日）帰郷して進藤喜平太翁、大原義剛氏等が送別会を常盤館でやった。その時、夏休みで東京の浩々居の連中が帰郷していたので、それを全部出席させて、主人公が誰も居なくなってもニ次会が仕舞ってもビールを飲むは飲むは、愉快に飲んで夜が明けました。あの飲みっぷりが目に浮かびます」

実話はまだある。

「支那公使時代大正三年五月初旬、山座急逝の直前坂田卯三郎氏があぶってかも（福岡独特の塩魚で酒の肴には絶品だ）を北京にお土産に持って行ったら、気の利いたお土産だと早速その夜、酒は医者から止められたからとてビールを傾けていた」

山座の三回忌〔一九一六（大正五）年五月二十八日〕は東京、芝青松寺で行われ、加藤外相、水野錬太郎、上泉徳弥、室田義文、山中、立木氏はじめ多数臨席している。その時の行鉢献立を見ると、「一、吸物　月桂冠、山座湯（再進随意）」とある。何のことかと思いきや酒の事である。

故人が生涯の友としていた酒は友人から山座湯と名付けられ、この山座湯に於いて仕事と友人を作っていた。死してなお山座湯を通じて山座を悼んでいる。偉大なる哉、山座湯である。

まだまだ山座と酒の話は、次の追懐集にもある。

三　追悼・追懐の辞

《将来の外務大臣》

頭山満

諸君も知て居らるるが如く山座は福岡の産で郷里に居る頃から頭角を現はして郷党から偉才として嘱望せられて居た。自分が彼を知ったのは彼が十九歳の時で、自分も其の時から彼に期待する処が多かったのである。然るに今回突如として長逝を聞くのは本人に取ってのみならず対支外交が益々複雑となり重大問題が起こって来る今日、特に水野が死んで間もない時であるから北京公使館は大いに混雑しているであろう。山座は自分の事は非常に淡白であったが人の事は飽くまで親切であった。之は実に賞賛すべき彼の督促で、又最も自分の感服しているのは彼が国家のため全力を尽くす事を以て終生の義務として努力することを惜しまなかったことである。酒は体に毒があるからと云ふて友人から節する様に勧めたが「何構わん」という風で彼の特色を発揮していたが、内実は職務のため節する様に注意して居たらしい。彼は金銭と女にかけては淡白なもので「玉の盃底なし」とは全く山座の事である。小村外相から時の政務局長に挙げられたが小村は杉浦重剛に向かって将来の外相は山座であると語ったそうである。

（大正三年五月二十九日）

○

山座逝去後の一九三六（昭和十一）年四月、久しぶりに福岡の土を踏んだ頭山翁は山座の菩提寺慈眼庵に詣り、手厚く焼香した後足を遺宅に運んだ。庭前には袁世凱が贈った支那式の極彩色の鉢にヤツデが青々と葉を延ばしていた。部屋には山座の遺した書が掛けられていた。山座を想う情に耐えかねてか、頭山翁は何時もの寡黙を破って山座との交際ぶりを語り、特に日露戦争前の事に及んだ時は、紋付の両の袖をまくりあげ腕を撫でながら語り続けるのには卓を囲んで聞いている者がびっくりした。こんなに力こぶを入れて長く話すのは異例だと。

「山座はなァ、いつも酒をうちくろうて碌な奴じゃなかったが、支那の事に話が及ぶと目を光らせて真剣になる奴じゃったヨ。国家の為どんどんやってくれ、あとは俺が引き受けると力んでビクともせぬ本当に惜しい男だった。今頃生きて居れば面白い舞台で暴れられたろうにナー」としみじみ述懐しては一座の者の眸を曇らせて、薄暮になって辞していったという。

《時局に際し山座を偲ぶ》

頭山満

山座は、小村の影武者のようなものであったし、その後継者と目されていた。小村外相は、次官なぞほんとの相手とせず、当時、政務局長だった山座を唯一の相手として、あの日露戦争の外交を乗り切ったのだ。今のような時局に、生かしておきたかった男だ。今、山座のような男がいたならなと思う。惜しまれるような男は早死にし、たいして惜しまれもせぬような男が長生きしている……。

山座と明石（大将）は、長生きさせておきたかったな。伊藤には一寸憎まれて居ったが、……とにかく眼中、国家の外何物も無かった。……今の広田なども、山座に育てられたのだ……酒は随分やった。三升酒をやった。小村も飲んだ。身体が八貫で、酒は五合じゃ……。

（昭和十三年七月文責在記者）

○

《山座先生を憶ふ》

広田弘毅

先生は非常に青年を愛する方でありました。当時青年で先生の指導を受け、薫陶を受けた者は多数ありましたが、就中同郷の青年は非常に先生を慕って居ったのであります。特に外務省へ入るようになりまして以来、私は格別の御薫陶を受けたのであります。抑々郷里の中学を出て東京に出て参ります時から外交官志望であったのでありますが、東京に着きまして頭山さんの所に尋ねますと、「外交官になるのならば、外務省に山座という者が居る。之に紹介するから、直ぐに会ったらよいだろう」との事でありましたので高等学校の入学試験を経まして、直ぐに先生の所に伺いました。当時先生は政務局長をして麹町の方に住んでおられましたが、爾来学生時代を通じ、屡々御宅に訪問して色々の教えを受けたのであります。其の後愈々大学を出まして、外交官試験を通過しましたが、其の頃私は朝鮮統監府の属官をしておりまして、休暇を貰って帰京受験したのであります。それで外交官試験は出来たが、或は朝鮮統監府に帰らなければならぬという様な事情もあったのでありますが、山座局長は、それは本来の素志に反するから、自分が鶴原定吉氏に手紙を書くから、此の儘外交官として外務省の方に入るようにしたら宜いだろうと云うことで、手紙を出して貰いまして統監府の許しを得て、外務省に入るようになったのであります。外務省に入りまして先ず先生が私に教訓されたことは、外務省に入った以上は最初少なくとも十年位は外交の何物であるかという事を十分研究して、決して徒に気焔など吐くようなことはしてはならず、是が非常に大切な事であるということであります。此の教訓は、私其の後外務省で若い官補達に機会ある毎に伝えて居るのであります。なかなか外交の意味が分かる迄は相当研究もし経験を積まなければならぬことで、此の先生の教訓を私は常に銘肝して居ったのであります。

又我が国の外交官として立つのには、先づ、支那、東洋問題を十分研究する事が必要であるという事を教えられたのであります。それで此処にお出でになります林男爵が駐支公使として一度帰朝して居られまして、帰任せらるる時に私一緒に北京に参りました。二年ばかり北京に居ったのでありますが、其の中に山座政務局長から、「自分はロンドンへ行くようになったから、君も適当な時機にロンドンに来たら宜しいだろう。万事は倉知政務局長に能く話して置いたから」という事で、其の後ロンドンに赴任いたしまして、山座参事官の下に約三年ばかり指導を受けたのであります。其の当時は加藤高明さんが大使をして居られまして、此処に居られます芳澤、松平書記官も在勤して居られたのであります。其の頃私はロンドン大使館に在ります色々古い書類の整理を致しまして、林さんや、山座さんがどういう仕事をして居られたかということを古い書類で見たことがありますが、懐かしい筆跡で色々な書類が沢山ありますが、私がその当時最も感じました事は、山座さんが会計の主任をして居られる時に非常に緻密な会計報告を立派な字で書いて居らるる相当の冊数を発見したことであります。私共の知りました以後の山座先生は非常に豪放な……手紙を書かるる時でも、或は一行の中に二、三字位しか書かれぬ事もある位に大きな字を書いて居られたのでありますが、其の当時の大使館の字を見ますと、非常に面倒な数字に渉る会計報告が立派な細文字で書いてある。如何に先生が一面豪放の中に他面非常な細心の方であったか、小さいことでも決してお粗末にしない人であるという事をつくづく感じたのであります。ロンドンに赴任いたします外交官の若い者にはいつも私は、ロンドンに行ったならば、山座さんが斯ういう会計の報告をして居らるるという事を調べてみるように注意して居ったのであります。先生はそういう風に色々の点に付いて我々青年に対して指導を惜しまず有益なる教訓を与えられたのであります。

又最近私が事変其の他の外交問題の処理に当たり外交官としての立場に付いて考えます際想起する事は、ポーツマス会議に於ける先生方の苦心談であります。先生がポーツマスから帰られまして後に色々の話を給わったのでありますが、一日先生の話に「自分は先達て或宴会に行った。其の席に軍人が居って、ポーツマス会議の批評をして、如何にも外交官が意気地がなかったという風な口調であった。それで自分は其の軍人に対して、君は相当軍部の事情も知っている筈だと思うのに、今のようなことを聞くのは意外千万だ。聞けば小村全権の留守宅に石を投げる者まであったそうであるが、一体何処からそういう誤解が来たか分からぬが、若し石に意志があったら其の石は外の方に飛んで行ったろうと思うと言って置いた」と語られたことを、私は今に記憶して居るのであります。外交官の立場というものは随分苦しい場合があり得るのであります。

或時先生は、外交官が日記を付けるということに付いて感想を述べたのであります。小村さんは決して日記を付けない。自分もそうだということを言われた。それは外交官としては決して表に出るような仕事をして満足すべきものではなくして、言われぬ仕事をやることが外交官の任務だということをつくづく感じたのであります。其の他色々の場合に其の当時の教訓を縷々回想することがあるのであります。

我々同郷の青年と致しまして、特にその指導を受けた者と致しましては、先生の人と成り等に付いて彼是申し上げることは甚だ僭越に思うのでありますが、山座先生の如く全く誠意一貫殆ど一身を顧みないで国事に尽瘁するという様な気持ちの方は余り多く類を見ないと思うのであります。若し先生にしてもう少し寿命がありまして外交の局に当られておりましたならば、日本の外交の行き方が相当変わって居ったのではないかと思うのであります。現に支那の大改革の起こりました当時にも、「今孫黄がああいう様な事をやって居るが、其の結果如何によりては或は支那に対して、非常な禍を来す事はないかと慮るる。余程支那の将来に付いては考えなければならぬ。特に支那を若し今のようにて打壊してしまうと、他日支那が幾多の部分に分裂するような場合が来た場合の日本の立場というものは、甚だ寒心に堪えない。此の革命の結果が日本に如何なる影響を及ぼしてくるかということは深甚の注意を払わなければならぬ。単に経済上の場合を考えても、支那が分裂して関税組織が分割せらるるような場合には、数ヶ所に於いて関税を払わなければならぬという様な場合も生じて来て、其の将来は思いやらるる点がある」と云われたことがあります。今日から思いますと、其の当時支那も革命によって日本との連絡を密接にするという感じもあったのでありますが、今日は其の革命を起こした国民党と日本とは大戦争をするような事態に相成って居るのであります。是等の変化に付きましても、若し先生の寿命が長く充分活躍さるるだけの時間がありましたら、日支の関係に付ても、相当今日と違った事態が現れて参ったのではないかという事もつくづく想い起さるるのであります。尚私共の如き最も先生を尊敬して居りました者よりしますれば、先生が単に外交官として終るるのではなく、更に進んで、日本の政界に於いても大いに活動されなければならぬ時機が参って居ったのではないか。先生と同時代に最も優れた人物として挙げられ世間からも認められて居られた方々の中でも、山座先生の如きは最も優れた方でなかったかと思うと、如何にも僅か四十九歳で亡くなられたということは、実に惜しんでも余りある事であったと思うのみならず、僅か四十九歳、官歴から申しますと、駐支公使になられたに過ぎぬのに、世間から外交官としても、其の他の方面から見ても、傑出した人であったという印象を今に遺しておらるる事を考えますと、余程優れて居られたに相違ないという念を深く致して居るのであります。

本夕は先生亡くなられまして二十五年にもなるのでありますが、実は其の亡くなられます数日前に北京公使館の方も人手が足りないから、私を北京に赴任せしむるようにと請訓があり人事課の方でも大体そういう意向になって居りました中に、突然電報が参りまして、亡くなられましたという報道を得ました。当時の私の感想を熟々今思い起こしまして、誠に感慨無量であります。若し私が其の以前に北京に参って居りましたならば、臨終に間に合うことも出来たろうと思いますが、放れて居って、そういう機会を得なかったことは、今に残念に堪えませぬ。若い時から諸事先生の指導を受けて参った私と致しましては其の教えの精神は何時も失わぬように努めてまいりたいと考えて居るのであります。

先生から受けました御恩の一端を本夕申し上げ追懐の辞と致したいと存じます。

（山座圓次郎二十五周忌追悼談）

○

《殴る、殴られた山座君》

寺尾亨

山座駐支公使は、青年時代から一風変わった男で慥か明治十五、六年頃上京して第一高等学校に入学したのであるが、第一高等学校へ入学する以前に私の所に一度寄宿して居った事があった。

私が山座を知ったのは其の頃で彼は非常に情誼に厚い男で、短日月寄宿したるのみにても其の恩義を忘れず、其の後と雖も度々私の家を尋ねたことがある。又彼の第一高等学校時代には例の木下博士が校長であったから所謂一校の校風は当時遺憾なく発揮せられつつありし絶頂の時代であるも、彼は上京後と雖も決して筑前訛りを改めずにいたが、第一高等学校時代に黒板に彼の御国訛りを改めない事を冷笑して落書きしてあったのを見出した彼は其傍に落書きをした同窓のハイカラ男が佇んで居ったのでズカズカと其の男の傍に至り頭も割れよとばかり大の鉄拳を食らわしたことがある。又木下校長は彼の平素の緘黙を非常に愛して居られた。又彼は倫敦公使館の外務省書記官として加藤公使の下に働いて帰朝した時、私に「僕も倫敦で加藤公使の下に几帳面な事務を採ったが、世界の外交舞台たる倫敦で働いて来たから得る処は決して少なくなかった」と気焔を吐いたことがあったが、其の後彼は着々外交手腕を揮ひ大に外交官中に異彩を放つようになった。彼は又却々の負嫌いで其の後朝鮮に於ける例の王妃（閔妃）事件の際、彼は京城に居ったならば必ず手腕を揮ったのであろうが、幸か不幸か山座は当時仁川に領事として居った関係上当時外務省では彼を疑問の一人として本省より小村外相が朝鮮に乗り込み兎に角山座を除外するの傾きあるより山座には大に小村外相の処置に憤慨し、仁川の料理屋の一室で四、五日も酒につかっていた。此の時小村侯が彼を見出し重用し、彼も又小村侯を助けて大に手腕を揮ったことは世人も知る如くで、又日露戦争の講和談判当時、彼は小村侯に随行してポーツマスに赴いた。此の時小村と山座が行くと云うので世人は大なる期待を持って居ったのに拘わらず、四囲の事情はかのような結果を余儀なくした。其の後彼は国民の怨府となったものと見え、横浜にて観艦式のあった時、大勢に殴られて帽子も何も滅茶滅茶になった。其の時予は「ポーツマスで忙しかったと見えて帽子を台無しにしたね！」と冷笑すると非常に憤慨して、「学者に政治が分かるものか黙って引っ込んで居れ」と恐ろしい剣幕で予に食って掛かった。それから話は少し前に戻るが、明治三十七年一月近衛篤麿公が薨去せられて、志士の連中が公の柩の前に通夜をした其の時、政府では日露戦争を遣るか遣らぬかで以て重要な閣議のあった時であるから、志士の一人が電話で結果を問うと、彼は「公以て冥すべし」と、一語を以て政府の決心を示した。是を聞いた者等は大いに喜んで万歳と唱えた。要するに彼は前途有為の士で手腕を振うのは之からであるのに、今や已に亡し、予は友人を失ったことを悲しむと共に国家の多事に際し前途有為の外交官を失ったのを悲しむものである云々。

（山座氏逝去当時の新聞）

七博士だけで有名になった寺尾亨博士じゃないが、山座は郷土福岡が生んだ国士風の国際法学者とは格別の昵懇だった。寺尾博士は、「満腔の磊塊を吐いて豪放不羈で押し通すように見えるが、山座くらい至誠貫之を念願しているものはないナ。特にあれは夜通し酒を飲んでよっぱっていても筆を取らせれば一世の名文章を書く。日露戦争の宣戦布告の原文も山座が書いたもので、下書きが外務省に記念として保存されてある筈だ。外務大臣には直ぐなるぞ」

と、我が子の出世を楽しむように待っていた。

《山猫の皮と入獄》

小川平吉

推赤心置人腹中という古人の言葉は山座君の如き人を指すと思う。実に誠を以て親切を以て人に交じって居った。故に官吏生活を始終一貫した人で民間の各方面に多数の親友を有し、心中よりして尊敬を払い又之を愛する友人を持たれていた事は、山座君の如き人は少なくないと思う。湖月会、講和会議の時熱心に往復した事があることが追懐されるが、こんな逸話もある。自分はポーツマス講和会議反対で日比谷の国民大会の問題に関係して不幸監獄に投ぜられた。その時山座君は西園寺公に随って戦後の満洲視察に上っていた。自分は監獄に在って山座君に手紙を出した。色々見舞いの言葉を書いた末に、戯れに自分が今日監獄に入っているのは彼の春風が吹いて、指物屋が喜ぶという論理を以てすれば、君達がアメリカで締結した講和条約のため監獄に投じられた様なものだと。然るに間もなく自分が出獄した後に満洲から帰って来た山座君に久しぶりに会った時、彼は未だ自分が監獄にいると思って立派な山猫の皮を買って来て、監獄は寒いだろう、可哀想だと考えて之を差し入れるつもりで買って来たというので、一夕山座君と会飲した時に山座君は涙を流して自分を慰藉してくれた。自分も実に涙を流して同君の親切に感じたことがあった。山座君は友人の中でも自分が最も尊敬すべき又最も敬慕し最も愛する第一の友人であった。

（一周忌追悼記による）

○

《豪放と細心》

玄洋社理事長　美和作次郎

日露の風雲がどうも怪しくなって来た時、玄洋社に豪傑がいた。安永東之助という男だ。それが戦争でも起これば働きたいものと考えて、その羽振りの良かった山座君を外務省政務局長室に訪ねて頼んだんだナ。そしたら山座君は「よし」と言って参謀本部に乗り込んで福島少将に「郷土の若い者共が命を捨てたいと言っているからどうか都合してくれ」と早速談判を開始した。福島少将は当時参謀本部で対露戦の策戦の中心じゃったらしい。山座君に頼まれても非戦闘員をそう無暗に戦場に送る訳には行かぬ。そこで花田中佐を大将にして浪人連に軍属の名を与え、組織したのが有名な満洲義軍だ。あの中には玄洋社の豪傑連が大部分だ。それが戦争中、ロシアの後方錯乱のため鉄道爆破、馬賊の懐柔など身を挺して活躍したのだ。その基礎は山座君が作ったのだ。今どきの外務省政務局長位じゃ、参謀本部に乗り込んで行って、「郷土の若い者共の命の捨て場所を作ってくれ」と言い切り、実行させるだけの気力があるかね。

話は違うが、山座君は伊藤公から睨まれていたことがあった。そのため出世の遅れたという事はないが、兎に角睨まれていることが解るので非常に不愉快だ。当時伊藤公は枢密院議長をしていたが我が国の外交文書には全部目を通していたそうだ。ところが山座君が書く外交文書は模範的なもので、一点朱の入れ所が無いほど完璧なものだが、伊藤公は山座の出した書類に必ず一ヵ所ぐらい朱を入れて返してくる。それが却って改善ならいいがたまには改悪になる事がある。そんなことが始終続くものだから悟った山座は、伊藤公の朱入処に持って行く外交文書には起草しながら自分でクスッと笑い出したくなるほどの一ヵ所だけ伊藤公の朱入れ処に穴を作っておく。伊藤公へ持って行くと流石伊藤公だ、そこへ必ず朱を入れて返してくる。そこで初めて完璧なものが出来上がる訳だ。詰まらん事で伊藤公に睨まれても馬鹿らしいから、小細工だがこんなことをやっていると話したことがあったが、才も長けた男だった。

睨まれた訳は日露開戦まで弱腰だった伊藤公を殴り殺せなんて山座君が放言したからじゃったろうね。

○

《郷国人に秘話を頒つ》

大熊浅次郎

山座君はポーツマス講和談判を成立せしめ、小村全権に先立ち随員一行は三十八年十月五日無事帰朝したるなり。時恰も余の関与せる全国商業会議所連合会合は月初東京に開催し、時局商工経済対策に関し政府当路へ意見開陳の次第あり。且つ日英同盟祝賀会を小石川後楽園に開き、マクドナルド英国大使招請の事等あり、時の博多商工会議所会頭の太田清蔵君と相伴うて上京せり。

此機を以て新帰朝の山座政務局長を某月八日永田町私邸に訪問したるなり、多くの新聞記者に包囲せられ、会談の余裕なきを看取し、更に後刻の面談を約して辞し去れり。太田君は山座局長の帰朝を祝せんと欲し、亦大に成さんと欲するものあり、赤坂田町兵庫家に招宴を設けたり。局長の君は約の如く来り会し、大に気焔を吐く。君は小村全権に先立ち帰朝するや、直ちに馳せて大磯の滄浪閣に枢密院議長の伊藤博文侯を訪問し、講和談判の一伍一什を報告に及べりと言う。余等草莽の野人が帰朝して最先に此座席君によりて講和談判の真相及び感想談の一端を聴くことを得たるは誠に郷国人の幸として之を珍として、光栄とせし所なり。当席には黒田家家令の山中立木老もまた陪賓として参し、談論陽気に充つるあり、山座君の豪快なる大いに三鞭酒を傾け余輩三舎を避けたり。赤坂の嬌妓春子、鹿の子、千松など座に侍し、興を助け快談湧くが如く時の移りたるを忘れたり。之れ亦当年の逸事として今は昔日譚の一齣となれり。

降って明治四十一年四月余は博多商工会議所の書記室にあるの日、松岡農相の召に応じ出京の事ありしが、幸いに山座局長を私邸に訪ひ緊要談論のことあり。而も僅かにして其年六月六日には君は英国大使参事官として在外転任と決したるなり、よって君数月ならずして赴任の途に就けり。

越えて四十二年の春、余は世界一周を志し外遊の途に上るや、米大陸を横断し、欧大陸に入り、その年五月倫敦に至る。先ず日本大使館に山座参事官を訪問せり。余の行もとより漫遊に過ぎざるも、一は欧米各国に於ける商業会議所の制度状況並に欧米経済事情を調査せんとするにあり。就中課査圏内に於いて重要なるは世界金融の中枢たる英蘭銀行を見んと欲す。

元来英国は最も信用を重んじ、殊に同行を見ること難しとせり。余は特に山座参事官の紹介を得んことを望みたり。君は日本大使館の高官たるが故にこの手続き甚だ容易なりと信ぜしが、君はこれが需めには少々難色あり、直接の紹介を避けて職業柄なる日本総領事館・坂田総領事に向けて紹介の労を托せり。しかして領事館また英蘭銀行への直接紹介は之を面倒とせり、之を意外とせし処、而して亦渡辺領事官補よりはこれを横浜正金銀行倫敦支店長・巽孝之亟宛紹介方を依頼せる所あり、同方より直に交渉の手続きを取り英蘭銀行の受諾する所となれり。真に英国経済の権威は政治を超越し、正金銀行の権威は政治機関を超越す。これぞ英国経済の強大なる所以と納得せり。然して信用を認識されたる以上は、直に銀行の各室を解放し余す所なし、さては日清戦後清国よりの償金三億円を授受したる重役会議室より重要なる金庫を実見し、金塊貯蔵室より金貨秤量検定の実況及び紙幣証券印刷の技巧、紙幣保管の実況より営業部に渉り公債局配当局手形割引調査出納の諸課に至り、隈なく巡視説明を与えられ、世界金融の枢軸を概観し得たるは、大幸とする所、全く山座参事官の働きにより終局の目的を達成したるを徳とせり。

対英中には日本倶楽部に於ける日本料理の歓待を蒙り、我が同行の渋川玄耳、鎌田敬四郎、萩原栄次郎、田辺英次郎また招かれて旅情を慰めたり。此頃博文館の雑誌『太陽』に未来の外務大臣に擬したる人物を挙ぐ、その選の第一に山座圓次郎当れり、未来記もまた天下の帰趨を識ず、君はこれを問題とせず、大に語り大に笑いたる珍聞も少なからざりしが、何れも今は過去の夢となれり。

○

山座少年に東都遊学の機会を与えた元神奈川県知事の山座追懐談である。志を持つ少年に読ませたいものだ。

《山座少年》

小野隆助

山座は御承知の如く、斗酒も辞せずという調子に頗る無頓着だったから、酒に災されたのだろう。山座の死は実に国家のため千秋の遺憾じゃった。金子や栗野などはもう仕事も御仕舞だからね。郷党後進者の為にも如何にも残念千万じゃった。山座が初めて俺と一緒に上京したのは彼が十八歳だった。上京の動機は彼が元の修猷館に学んで居た時、生徒中でも成績が良く、特に漢学の素養があるというので、大層評判も良く衆望があった。その当時玄洋社の藤島（一造）が舎監か何かしていたので、同人が非常に山座に惚れ込んで是非俺に東京に連れて行ってくれと頼んだのが抑々彼の東都遊学の序幕だった。藤島の紹介で始めて俺を訪ねて来た当時の山座の異形な姿は今も眼前に髣髴として浮かんで居る。今から数えると三十余年前の恰も梅雨の頃で身にはツンツルテンの紺絣の単衣を着て、醤油を煮しめたような兵児帯を締めて、降りしきる雨中を跣足のまま福岡から五里余の路を踏んで大宰府迄訪ねて来た。なんでも後で聞くと、差してきた傘は破れた骨張りの傘だが、途中で知らぬ家へ駆けこんで、借りたのか貰ったのか分からず差してきたという無頓着ぶりに、下駄は竹の皮の鼻緒が途中で切れてしまったので、捨ててきたとの事だった。山座の懇請を容れて東京に連れて行き、親戚の寺尾寿の許に書生として置くことを頼んで帰った。山座が寺尾の書生となってからは寺尾の老母が勝気な方だから、無頓着な山座にとっては老母の教育が随分辛かったろうが、又一面山座の人物が出来た一因は寺尾の老母の元気な賜物とも云える。俺がその後寺尾の宅を訪ねた時に山座が猛牛のような尻を打ち振って、切々と廊下で雑巾掛をやって居た。その恰好がまことに無器用で、雑巾を片手に鷲掴みに掴んで、御役目御苦労といった風で頻りにやっていたので、余りの可笑しさに俺が、山座そんな体裁では此方のお母さんの気にはいらんよ、雑巾は斯んな風に掛けるものだと教えたことであった。

（大正三年六月一日、九州日報所蔵）

○

≪彼逝いて一周年―紅葉館に於ける故山座氏追悼会≫

彼ならばと期待された支那公使山座圓次郎君が支那保全の大問題を遺して北京で客死したのは昨年五月二十八日の夜であった。爾来極東の天地は雨の前の風の如く、風雲急にして特に対支問題についてやかましき折も丁度故人の一周忌に相当して感慨更に深きを加える。昨日は故人の関係の深い官民有志の発起で、芝公園紅葉館で追弔会が催された。

発起人は外務大臣・加藤高明男、伊集院彦吉、軍人側では明石元二郎、秋山真之、其他福原鐐二郎、水野

袈裟六、杉浦重剛、頭山満、寺尾亨、馬越恭平、加藤恒忠の諸氏。定刻の十時前に参集、来会者も又官民各方面の人々にて相会する者約百五十余名。北に面した紅葉館の奥座敷二十畳敷の広間を三つ押通し、床の間には型ばかりの拝殿を設らえ、白綸子を敷きたる上に手札形の故人の写真を飾り、黒白の喪章を着け両側には草花を飾り、聊かの供物を為し、其の前方に演壇を設け万事が極めて質素の中にも故人を偲ぶの情が溢れていた。

来会者の内には海軍の礼服を着けたる伊集院大将、陸軍の正服を着けたる与倉少将、鼻目鏡にフロックの後藤新平男、若槻蔵相のフロック、長崎省吾、寺尾亨、頭山翁の疎鬚も目に付く、又特に目に付きたるは秋山好古中将の和服姿で頭が額より上白く、頸より又白く現われ居る、面部丈が際立って黒いのが如何にも軍人らしく見えた。之に引き替え外務省側の人は却々ハイカラが多い。其の他は重に取り立ててそれ程の事もなかったが、支那問題で議場を振わしている伊東知也、小川平吉、武藤金吉など云う人々が互いに対支問題を論じていたのは時節柄耳を聳しめた。

十時半に誰先ということなく思い思いに焼香を済まし、愈々開会となった。其の時に山座未亡人はじめ令息、未亡人母堂其の他遺族の方や婦人連が喪服で坂田通商局長の案内で列席。加藤外相が故人の最も深い関係から開会の辞を述ぶる筈であったが外相差支があって伊集院彦吉氏が之に代わり、次いで明石中将が三十年来の旧知であったことから故人の人物を説き、寺尾寿博士は故人が書生時代に世話した際の思い出として彼が明治十七年に始めて大学予備門に入り博士の家に寄寓し、酒が好きで台所で密かに飲んだ事や、同僚と争った事などを話し、不言実行の人たりしを説いた。最後に博士が青年時代から見る所があった事や、支那公使として適任なりしを自ら喜びにし、天之に命数を藉さずして逝かれたのは、自分の子弟が死んだ程感じたと声を呑んだ時は、未亡人の目からは涙が頬を湿らせた。又芳賀矢一博士は予備門時代の同窓生を代表して故人に関する追懐をなし、小川平吉氏は大学時代の同期生として追懐談より、「卒業後君は外交官として、予は政治家とし共に支那問題に関し意見を同うし、公私共に親密の間柄にて日露講和談判の折には、小村侯に随行してアメリカに赴き、講和の結果国民不平の声起こり、予は之がため九月五日の騒擾にて入監したるが、九月五日米国より出した端書を予は之を今なお記念として保存せり」と之を朗読して、曰く、

「嗚呼、条約成れり、僕は十月上旬に横浜に丈は着するならん」

と、短文なれども君の胸中を察するに余りあると当時を振り返った。

馬越恭平氏は五月十九日昨年澁沢男と共に北京に参り、二十七日別れて天津に着いた時に公使の訃を聞き驚愕した事等につき物語り、伊東知也氏は拝前に進み、

「君まさばまさざとぞ思ふかな国に恥あり五月雨の空」

という伊東式の歌を朗吟し、坂田局長の未亡人に代わって挨拶あり。後、細川風谷の講話終わって、階上の宴会に移り故人が曾て筑前琵琶の副会長なりし縁故にて加藤三千枝嬢の太田道灌の弾奏あり。一方発起人側では故人の酒豪に因み、大いに痛飲快談をとの希望で主客共に追悼追懐に時を移した……。

（大正四年五月三十一日　東京朝日新聞所蔵）

○

一又正雄氏の著『山座円次郎伝』（原書房　昭和四十九年）の「刊行によせて」にも三者の追悼の文があるので紹介しよう。

先ずは元衆議院議長の石井光次郎氏である。

「こんな事があった。

私は大正三年の夏、一ツ橋の高等商業学校専攻部領事科を卒業した。本来ならば外交官の試験を受ける筈であったが、先輩達の話を聞いてみると、外務省より内務省が面白そうだというので、内務省に出願し、運よく面接まで漕ぎつけた。一日、内務次官以下各局長列席の下に面接が行われた。その中には福岡県出身の安河内警保局長がいた。色々問答の末、同局長が「君は外交官になれ、外交官向きだ。山座が死んで福岡の外交界に人がなく淋しくなった。君は外交官になれ」と執拗に勧められた事がある。結局御推薦は無にしたが、丁度その年五月に亡くなったばかりの山座公使の事が強く私の頭に刻み込まれて、いつまでも離れなかった。

又、こんな事もあった。

私が台湾の小役人時代、大正七年の秋、下村民政長官の御供をして満洲の旅をし、奉天で張作霖に会ったことがある。その控所で雑談の中に張作霖、山座公使会見の一幕のエピソードを聞かして貰った。二人が対談しているうちに、公使が居眠りを始めた。張先生ふと見ると、公使の手に煙草があり、煙をあげておる。今にも指に火がつきそうだ。張先生静かに、公使の手から煙草をはずして灰皿に始末した。公使は尚識らずに眠っていたという。話はそれだけ。山座もエライ、張作霖もエライ、という取沙汰であった。

こういう話はザラにあることであろう。山座という人はこんな人であったのだ。

世界に多くの国が出来、外交も多角になり、多忙になり、日本も顔が広くなって、交際も拡まり、大使の数も覚え切れぬ程多くなった。自然、霞ヶ関外交も事務的になりがちとなる。山座のような型破りは、もう出場もあるまいし、出ても来ない様に思う。淋しいことである」

次いで、時の労働大臣で、『山座圓次郎—大陸外交の先駆—』の著者でもある長谷川峻氏である。

「活字にすることは責任も生じるが喜びも伴なう。

外交は、国民的利益を相手の国と調整してゆく積み上げである。その意味で、明治の陸奥宗光の対北京、小村壽太郎の対ロシア交渉は手に汗を握る思いがする。

福岡で九州日報の記者をしていた私が、当時の元老・軍部をよく根廻しながら小村外交を実行させた偉材・山座圓次郎を一冊にまとめたのは二十七歳だった。それから茫々三十余年、いま国際法の一又正雄氏によって、学問的に地位づけられることは光栄これに過ぎるものはない。

しかも東京裁判で文官でただ一人、死刑にされた広田弘毅を、将来ロシアと支那を勉強せよと外務省に導いたのも山座である。永遠に変わることのない我が外交の進路を示しているとさえいえよう。

世界は首脳外交時代、そこに求められるのは内に秘めた愛国的情熱、透徹した分析と哲学であろう。時は移り、星は変っても原則は変わらない。この一書—外交するものに発奮と反省の指針になることを信じる。

昭和四十九年七月三日」


おわりに山田久就氏（外務政務次官）である。

「明治初年以来、霞ヶ関には多くの人材が集まった。外交官として名声を馳せて、永く日本の歴史に名をとどめた人も数多い。一方任地に於いて外交関係の維持のため忠実に職責を果たしてくれたが、その地味さの故に名の宣伝されなかった外交官は、その数において圧倒的に多い。真の外交は必ずしも前者の型のみを必要とするものでないことは言うまでもない。

日本の命運の岐路が、しばしば外交に左右されてきた我が国の場合だけに、外交官に求められていたところも大きかった筈であった。尤も、所謂国家の危機に際して外交舞台に登場するかどうかは、必ずしも自ら欲してその機会を得るようなものではない。それだけに、もし自分が登場したらどう処するか、事に臨んでどう振る舞えるか、或は時の登場人物の評価をどう見るかなどということは、言うは易いが、それこそ日頃からの心構え、そして不断の努力と訓練と胆力あってはじめてよくし得るところである。その意味で先輩外交官の生涯とか業績に対する研究は、事柄の性質上、芸術における伝承に比肩し且つ更に貴重な意義を内在するものと思われる。従来も外交官の伝記類は数多いが、客観性を維持することは、なかなか口にいうほど容易なことではない。

こういう中で、このたび刊行される山座公使の伝記は、故人の遺族や後輩から当人の顕彰の目的のために請うて書いて貰ったのではなく、全く学術的見地から学者が自発的に書かれたものであって、その取り上げられた方は、この種のものとしては真にユニークなものと断言してよろしかろう。

たしかに外交官の型も時代の流れと共に変るかも知れないが、しかし、任国に対する十二分の知識蓄積の努力、優れた見識と適切な判断、そして政策遂行の胆力とは、時代を担う外交官にとっては不可欠の条件であるが故に、よくこれらの条件を兼備し且つ外交的経綸のあった外交官として等しく早逝を惜しまれたる山座公使の生涯と業績の客観的な記録は、貴重な伝承として霞ヶ関外交のある限り、永久に生命を持ち続けるであろうことを疑わない。あえて一読を勧める次第である。

昭和四十九年八月十日」

資料１７　山座圓次郎の墓
上段：東京、青山霊園　下段：福岡、慈眼寺（分骨）・著者撮影

付記

一　玄洋社《げんようしゃ》

玄洋社は、旧福岡藩（黒田藩）士が中心となって、一八八一（明治十四）年に結成されたアジア主義を抱く政治団体である。

当時の在野の多くの政治結社と同じく、欧米諸国の植民地主義に席捲された世界の中で、人民の権利を守るためには、まず国権の強化こそが必要であると主張した。また、対外的にはアジア各国の独立を支援し、それらの国々との同盟によって西洋列国と対抗する大アジア主義を構想した。

平岡浩太郎を社長として、旧福岡藩士らが中心となり、杉山茂丸、頭山満、箱田六輔、大原義剛、福本誠、内田良五郎（内田良平の父）、進藤喜平太（進藤一馬の父）、月成功太郎、末永純一郎、武井忍助、古賀壮兵衛、的野半介、月成勲、児玉音松らが創立に参画し、社員は六十一名。箱田六輔（当時三十歳）・平岡浩太郎（当時二十九歳）・頭山満（当時二十五歳）は「玄洋社三傑」と称された。

戦前、戦中期にかけて軍部・官僚・財閥・政界に強大な影響力を持ち、日清戦争、日露戦争、第一次世界大戦そして第二次世界大戦と日本の関わってきた数々の戦争に於いて情報収集や裏工作に関係してきた。またアジア主義の下に、中国の孫文や李氏朝鮮の金玉均をはじめ、当時欧米諸国の植民地下にあったイスラム指導者などアジア各国の独立運動家を強力に支援した。

玄洋社の基本精神である「憲則三条」は、

第一条　皇室を敬戴すべし
第二条　本国を愛重すべし
第三条　人民の主権を固守すべし

というものであった。

当時、薩長藩閥政府による有司専制を打破するために、議会の開設を要求した有力な政治勢力の一つは、今日「右翼」と称される玄洋社などの民間結社であった。しかし、これらの勢力が議会開設後に一転して政府と一体になって選挙干渉に転じた。その理由は、当時の議会が「民力休養」を掲げ、軍事予算の削減を要求しながら清国との戦争を躊躇していたためであった。玄洋社は、テロも含めた激しい選挙干渉を実行している。

他に玄洋社が関わった有名な事件としては、一八八九（明治二十二）年の大隈重信爆殺未遂事件がある。当時外務大臣だった大隈は、日本が幕末に結んだ不平等条約の改正を図ったが、その改正案は関係各国に対しかなり妥協的であり、国民的反対運動が忽ち全国を覆った。しかし、剛毅な大隈は決して自案を曲げなかったため、玄洋社社員の来島恒喜が大隈に爆弾を投擲し、自身もその場で咽喉を斬って自決したのである。事件で大隈は右足を失いながらも、尚自説を貫く決意であったが、政府は方針を急転し、大隈は辞職したため、この妥協的改正案は見送られることとなった。

玄洋社の社員らが掲げた有名なスローガンには「大アジア主義」（孫文の神戸演説に語源があるとされる）がある。彼らは、朝鮮の親日開花運動家・金玉均や朴泳孝、インドの独立運動家ラース・ビハーリー・ボースらを庇護し、アメリカと独立戦争を戦うフィリピンのエミリオ・アギナルドへは武器と義兵を送ろうとした。

一九〇一（明治三十四）年に、内田良平らが黒龍会（玄洋社の海外工作を担う）を設立してからは、より多彩な活動が展開されるようになる。孫文らの辛亥革命を支援するために、多くの浪人たちが清朝政府軍やその後の軍閥政府軍と戦っている。

日露戦争中全般にわたり、ロシア国内の政情不安を画策してロシアの継戦を困難にし、日本の勝利に大きく貢献した明石元二郎も玄洋社の社中（社員）であった。陸軍参謀本部参謀次長・長岡外史は、「明石の活躍は陸軍十個師団に相当する」と評した。また、ドイツ皇帝・ヴィルヘルム二世は、「明石元二郎一人で、満洲の日本軍二十万人に匹敵する戦果を上げている」と言って称えた。

また、日韓問題については、内田良平は一進会の領袖・李容九と、日本と大韓帝国（韓国）の対等な立場での合邦を希望し運動した。

昭和に入ると、玄洋社と関係の深かった中野正剛らは、大日本帝国憲法を朝鮮・台湾にも施行して、内地と朝鮮の法律上の平等の徹底（参政権は属地主義であったため、日本内地在住の朝鮮人、台湾人にのみ選挙権、被選挙権があった）を計るべきと主張した。一方、頭山満と親交のあった葦津耕次郎らは、国家として独立できるだけの朝鮮のインフラ整備は既に完了したとして朝鮮独立を主張した。葦津は、満洲帝国に対する関東軍の政治指導を終了すべきことも主張している。

新聞「福陵新報」を一八八七（明治二十）年八月から発行した。これは一八九八（明治三十一）年に「九州日報」と改題し、さらに一九四二（昭和十七）年には新聞統制に伴い「福岡日日新聞」に合併されて「西日本新聞」となり現在に至っている。

玄洋社は明治から大東亜戦争敗戦までの間、政財界に多大な影響力を持っていたとされる。日本の敗戦に伴い一九四六（昭和二十一）年、ＧＨＱは「日本の国家主義と帝国主義のうちで最も気違いじみた一派」として解散を命令した。

輩出した著名な人物としては、川上音二郎・須永元・杉山茂丸・寺田栄（鳩山由紀夫の曾祖父）・明石元二郎・中野正剛・緒方竹虎・月成功太郎・中村天風・内田良平・末永節・来島恒喜・広田弘毅・小野（三木）隆助・堀川辰吉郎らがいる。

二　頭山《とうやま》　満《みつる》

一八五五（安政二）年四月十二日、筑前国早良郡西新町の福岡藩士・筒井亀策の三男として生まれる。幼名は乙次郎。後に母方の頭山家を継ぐことになり、太宰府天満宮の「満」から名前を授かって頭山満と改める。

十六才の時、福岡藩の勤皇派の流れを汲む高場《たかば》乱《おさむ》という男装の女医が開いていた興志塾（高場塾）に入門する。興志塾は他の塾では断られるような乱暴な少年たちを好んで入門させており、腕白少年たちの巣窟といわれていた。頭山はここで進藤喜平太、箱田六輔ら後の玄洋社の創設メンバーと出会う。

一八七六（明治九）年に秋月の乱、萩の乱が起こると、頭山はこれに呼応して進藤、箱田らと共に旧福岡藩士の蜂起を画策し投獄された。翌年の西南戦争は獄中で知ることになる。西南戦争時には、約五百名の旧福岡藩士も呼応して決起（福岡の変）したが、それに参加し尊敬する西郷隆盛と共に戦えなかった頭山らの悔しい思いが、玄洋社の原点になっている。頭山らが釈放されたのは、皮肉にも西郷の死の翌日であった。

頭山らは海の中道に開墾社を創設し、松林を伐採し田畑を開墾して自給自足の生活を送りながら心身の鍛錬に励み、来るべき時に備える日々を送った。

西南戦争の翌年の一八七八（明治十一）年五月十四日、大久保利通が暗殺された（紀尾井坂の変）。西郷討伐の中心人物の死を受け、板垣退助が西郷隆盛に続いて決起することを期待して、頭山は高知に旅立つ。しかし、板垣は血気にはやる頭山を諭し、言論による戦いを主張する。これをきっかけに自由民権運動に参画した頭山は、板垣が興した立志社集会で初めて演説を体験し、植木枝盛ら民権運動家と交流を結ぶ。

高知から福岡に戻った頭山は福岡の街の不良たちを集め、十二月に向陽社を結成し、力づくで地元炭鉱労働者の不満や反発を抑えるようになる。この時も興志塾、開墾社時代からの仲間である進藤喜平太（第二代玄洋社社長）、箱田六輔（第四代社長）が行動を共にし、箱田が向陽社の初代社長となった。翌年一月には、福岡の豪商たちの支援を受けて向陽義塾を開校した。子分に気前良く金を与え「スラムの帝王」として知られるようになると地元の政治家達もその暴力に一目おくようになる。

一八九五（明治二十八）年、日清戦争の終結後、広州での武装蜂起を企てた孫文が、密告されたため頓挫し日本に亡命した。孫文は一八九七（明治三十）年、宮崎滔天の紹介によって頭山と出会い、頭山を通じて平岡浩太郎から東京での活動費と生活費の援助を受けることになった。また、住居である早稲田鶴巻町の二千平方メートルの屋敷は犬養毅が斡旋した。

一八九九（明治三十二）年、義和団の乱が発生し、翌年、孫文は恵州で再度挙兵するが失敗に終わった。一九一一（明治四十四）年、辛亥革命が成功し、その翌年、孫文が中華民国臨時政府の大総統に就任すると、頭山は犬養と共に中国に渡って会見し、長年の苦労をねぎらった。その後、袁世凱に大総統の座を譲った孫文は、一九一三（大正二）年の春に前大総統として来日し各地で熱烈な大歓迎を受け、福岡の玄洋社や熊本の宮崎滔天の生家にも立ち寄った。このとき既に頭山は袁世凱の動向を強く懸念していたというが、その予言通り袁世凱と争って破れた孫文は、再び日本への亡命を余儀なくされた。日本政府は袁世凱支持に回っていたため孫文の入国を認めない方針を執っていたが、頭山は犬養を通じて首相・山本権兵衛に交渉し、亡命を認めさせた。孫文が匿われたのは霊南坂にあった頭山邸の隣家である。

一九一五（大正四）年、頭山は孫文の紹介で、イギリス領インド帝国の植民地政府から追われ日本へ亡命していたものの、イギリス政府および植民地政府からの要請を受けた日本政府から国外退去命令が出されていたインドの独立運動家ラース・ビハーリー・ボースに会い、支援を決意した。

同じくインドの独立運動家で、アフガニスタンにインド臨時政府を樹立していたマヘンドラ・プラタップに頭山が会ったのは、ボースの紹介による。一九二三（大正十二）年、頭山は来日したプラタップの歓迎会を開いて援助を約束した。そして、アフガニスタンが統一されると「わが明治維新の当時を想わしむ」との賀詞を国王に送った。頭山はこのような独立支援の対象をフィリピン、ベトナム、エチオピアなどにも拡大していった。

一九二四（大正十三）年十一月、孫文は最後の日本訪問を行い、神戸で頭山と会見した。日本軍の中国東北部への侵攻により日中関係が憂慮すべき事態となっているのを受けての会談であったが、孫文が撤退への働きかけを申し入れたのに対し、日本の拡大がアジアの安定につながると真摯に考えていた頭山はこれを断った。会見の翌日、孫文は「大亜細亜問題」と題する講演を行い、その四ヵ月後に病没した。

翌年、孫文の後継者として蒋介石が国民軍総司令官に就任したが、その二年後には下野して頭山を頼って来日し、孫文と同様に頭山邸の隣家で起居する。のちに蒋介石は、頭山らの激励を受けて帰国し、孫文の宿願であった北伐を成功させる。一九二九（昭和四）年、南京の中山稜で行われた孫文の英霊奉安祭に、頭山は犬養毅と共に日本を代表して出席している。

一九三二（昭和七）年の満洲国建国は、頭山の理想とは大きくかけ離れていた。一九三五（昭和十）年、来日した満洲国皇帝溥儀の招待を、頭山は「気が進まない」との理由で断っている。

支那事変（日中戦争）が勃発した一九三七（昭和十二）年通州事件が起き、当時の首相・近衛文麿は、外相・広田弘毅と親密な関係だった頭山を内閣参議に起用する計画を建てた。その上で蒋介石と親しい頭山を中国に派遣して和平の糸口を掴もうとした。近衛から打診をうけた頭山は内諾したが、頭山を「市井の無頼漢に毛の生えたもの」と見ていた内大臣・湯浅倉平が参議起用に反対したため実現しなかった。

戦争が長期化し、日米関係も悪化していた一九四一（昭和十六）年九月、頭山は東久邇宮稔彦王から蒋介石との和平会談を試みるよう依頼される。頭山は、玄洋社社員で朝日新聞社員の緒方竹虎に蒋介石との連絡を取らせ、「頭山となら会ってもよい」との返事を受け取った。これを受けて東久邇宮が首相・東條英機に飛行機の手配を依頼したところ、「勝手なことをしてもらっては困る」と拒絶され、会談は幻となった。東久邇宮はこの時の事を「頭山翁は、衰運に乗じてその領土を盗むようなことが非常に嫌いで、朝鮮の併合も反対、満洲事変も不賛成、日華事変に対しては、心から憤っていた。翁の口から蒋介石に国際平和の提言を勧めてもらうことを考えた」と書き残している。（東久邇宮著『私の記録』）

頭山は静岡県御殿場の富士山を望む山荘で一九四四（昭和十九）年十月五日、八十九年の生涯を閉じた。存命中は常々、「おれの一生は大風の吹いたあとのようなもの。何も残らん」と語っていた。葬儀委員長は元総理の広田弘毅が務めた。頭山家の菩提寺である圓應寺と、崇福寺（福岡市）の玄洋社墓地に墓があるが、東京青山霊園にも墓がある。

三　袁世凱《えんせいがい》

清朝末期の軍人として陸軍の近代化を進める役割を担いつつ台頭し、彼自身が作り上げた軍事力を背景に政治的にも大きな権力を振るい、欧米諸国では彼のことを「ストロング・マン」と呼んだ。その後一時失脚するが、辛亥革命の混乱の中で朝廷と孫文ら革命派との間で巧みに遊泳し、中華民国大総統となり、革命派を弾圧すると共に、インフラ整備や軍備の充実などの面から国家の近代化に当たった。更に一時皇帝に即位したが、内外の反発を買って退位、失意のうちに没した。

生家は、官僚や軍人を多く輩出した地元でも指折りの名族であった。そういった中で生まれた袁世凱は、若い頃から立身出世の強い願望を抱いていたと多くの伝記は語っている。

まず官僚を志して科挙に二度挑戦したが、どちらも一度目の試験に及第したが断念した。そこで軍人となることを志し、一八八一年には李鴻章幕下の淮軍《わいぐん》に身を投じ、朝鮮に渡った。その後、任地で発生した壬午の変（壬午事変）・甲申の変（甲申政変）では閔妃の要請の下で巧みな駆け引きで鎮圧に貢献し、情勢を清に有利に導いた。そして事実上の朝鮮公使として李鴻章の監督の下、朝鮮の内政にも干渉できるほどの大きな権限を持った。

袁は朝鮮に政経両面ともに清の勢力を扶植して、対抗する日本勢力を排除しようと考え、特に経済的には一定の成果を挙げている。ところが一八九四年、貧しさと圧政に喘いだ朝鮮民衆が甲午農民戦争（東学党の乱）を起こした。朝鮮は清に軍の派遣を要請し、日本も対抗して派兵した。これにより日清戦争が勃発する。

しかし日清戦争は清の大敗に終わり、李鴻章は責任を問われ失脚、敗北の中で袁は本当の意味で近代化した軍隊の必要性を痛感した。当時の清の軍隊は、軍備の資金は与えられても上官による横領が頻発し満足な装備を持たなかったり、装備は充実していても兵隊の規律がなっていなかった。袁は戦後間もない一八九五年十月には胡燏棻から引き継がれた陸軍（定武軍）の洋式化の職務に就き、近代兵器を伴った兵の訓練、厳しい規律などを実施し、大きな成果を挙げた。当時の欧米人や日本人も、袁の軍隊を視察して高い評価を下している。当時の袁の軍隊のことを新建陸軍と呼ぶ。袁の要請で、公使館付武官の青木宣純が軍事顧問として新建陸軍を指導育成した。袁は青木を「最も信頼できる日本人」と評していたという。

この軍事力こそが袁の力の基礎となり、その後の北洋軍の屋台骨となった。人材面でも、段祺瑞・馮国璋・王士珍（そののち、北洋の三羽烏と呼ばれる）らはこの時期から袁の幕下に入り、彼を支えることとなる。

一八九八年の戊戌の変法の際には康有為・梁啓超ら変法派を当初支持した。軍の洋式化を推し進めていた袁にとっても、変法派の主張は好ましく思えるものであった。彼自身、梁啓超の学習サークルである強学会に所属していたこともある。しかし変法派の形勢が思わしくないと見た袁は、譚嗣同に持ちかけられていた変法派によるクーデター計画を西太后の側近栄禄に密告し、その功績によって変法派が戊戌の政変で打ち倒された後も、西太后の信頼を得て翌一八九九年には山東巡撫に任ぜられた。

義和団の乱では袁は自らの治下での反乱を逸早く鎮圧し、新建陸軍の強さを証明した。西太后を戴く朝廷は各省の指導者に義和団と結んで欧米列国軍を攻撃する命令を下すが、袁は両広総督・李鴻章、両江総督・劉坤一、湖広総督・張之洞らと協調し、諸外国と東南互保の盟約を結び、朝廷の命令には従わず領土と軍隊を保全した。結局義和団の乱は列国軍によって鎮圧され、西太后に動員された北京周辺の清軍は殆んど壊滅し、袁の力は相対的に強まることとなった。

一九〇一年、李鴻章は没するに当たって袁に北洋通商大臣兼直隷総督を引き継ぎ、北洋軍が誕生する。従来の新建陸軍事務に加え、直隷総督と北洋大臣を得たことで政治的な立場も上がった。その後、栄禄ら有力者が没していく中で権勢を強めた。

日露戦争時、清は表面上は厳正中立であったが、袁は諜報や馬賊隊編成などで日本に協力し、諜報将校を日本軍の特別任務班に派遣した。一九〇三年十一月中旬、袁は青木宣純と天津で会見して、「情報は入り次第日本側に渡す。馬賊の使用に関しては、その蜂起を直隷省以外で行うのなら支障ないので、秘密裏に援助しよう」と返答した。袁は選りぬきの将校らを満洲・蒙古の奥深く、露清国境付近まで潜入させた。

一九一二年三月十日、宣統帝の退位とともに袁は中華民国臨時大総統に就任した。

この時期から袁は政治家としても活躍し、いわゆる光緒新政の中心的人物となった。彼の執った政策とは、国債などによって諸外国から金を借り、その資金によって陸軍の洋式化、教育機関の拡充、鉄道、銀行などのインフラ整備を行っていくというものであった。この方式は辛亥革命後に彼が大総統になった後も変化がなく、日独露英仏の列強五ヵ国から借りた。資金を借りることで列強に侵略されるリスクについては、各国に平均して頼ることで回避が可能であると考えていた。日露戦争後に日本が東三省において独占的な権益の確保を企てるが、彼はアメリカを同地に介入させることで、日本の侵食を阻止しようとしている。

一九〇七年には軍機大臣・外務部尚書となった。この時期、辰丸事件を機に中国南部沿岸で日貨排斥運動を煽るなど、日本の影響力を削ぐ活動も行った。

一九〇八年に光緒帝が崩御、その翌日に西太后も病没して宣統帝が即位、宣統帝の父醇親王載灃が摂政王として政権を担当すると袁の政界での状況は一変する。醇親王は戊戌変法で兄光緒帝を裏切った袁を憎んでおり、一九〇九年初に袁を失脚させた。さらに袁を殺害する計画もあったが、内部情報を得てかろうじて北京を逃れた。全ての職を失った袁は、河南省彰徳近くに居を構え、失意の日々を過ごすこととなる。しかし、一方で彼の部下は多く政権に残っており、また彰徳は交通の要地でもあるため、情報はふんだんに入手していたらしい。

一九一一年十月、辛亥革命が勃発、華中、華南では革命派優位で情勢が推移した。朝廷内の満洲貴族らも既に袁の外にこれを鎮圧できる人物はいないと判断し、清朝の第二代内閣総理大臣、湖広総督に任命するとともに、反乱軍の鎮圧を命じた。袁は部下の段祺瑞・馮国璋らを鎮圧に向かわせつつも自らは動かず、一方で革命派と極秘に連絡を交わした。そして自らの臨時大総統就任の言質を取るや寝返り、朝廷の要人に政権の交代を促した。こうして一九一二年二月十二日、最後の皇帝・宣統帝が退位して清朝は滅亡、袁は新生中華民国の臨時大総統に就任した。

袁の政治に対する考えは一貫しており、中央の元首が強権を振るうことで初めて、麻のように乱れた中国は纏まり得るというものであった。こうした発想は当時の対中国観の主流であり、孫文などもそう考えていた。しかし、これに対して当時国民党の実質的指導者である宋教仁は、最高権力者の権限を制限し、議院内閣制を行うことが必要であると主張した。当時としては斬新なこの考えは多くの国民の心を捉え、国民党は一九一二年十二月の選挙で圧勝した。袁は大きな影響力を持ちつつある宋教仁を警戒し、懐柔策をしばらく執り続けたが、ついに一九一三年三月、宋教仁を暗殺した。その後も大総統の権限を強化したり、任期を長くするなど自らの強権に努めた。

この後、多くの国から借款を行い、近代化資金を確保し、インフラ整備を行った。この借款にたいして南方各省から反発の声が挙がり反乱となったが、袁は得意の軍事力をもってこれを撃退した。反乱軍を指揮していた李烈鈞・孫文・黄興らは日本に亡命した（一九一三年九月、第二革命）。同年十月、袁は正式に大総統に就任。さらに国民党の解散命令を出した上で、国会内の国民党議員を全員解職した。

一九一四年七月、第一次世界大戦が勃発すると、中国政府は中立をいちはやく宣言した。しかし、隣国の日本は日英同盟を理由に膠州湾岸のドイツ領に出兵し、占拠した。この間、袁は日本に領土の返還を求めるが、受け入れられなかった。更に日本から対華二十一ヵ条要求を突きつけられる。袁はこの情報を諸外国にリークするなどして不成立させようとするが、一九一五年五月九日、遂にこれを認めることになる。

こうした袁の弱腰な姿勢に、自治の姿勢を強めつつあった地方勢力が再び不穏な動きを見せていた。このことが必ずしも理由ではないが、地方から中央への税の流れが滞りつつあり、また北京など大都市では袁の専制を批判する動きが学生を中心に広がりつつあった。学生の多くは、主に日本から自由民権思想・社会主義などの新しい思想を持ち帰り、袁の施政を既に時代遅れのものと考えていた。

こうした不安定な状況の中、一九一五年に袁は側近の楊度に皇帝即位運動をさせ、帝政を復活させた。翌一九一六年より年号を洪憲と定め、皇帝に即位し国号を「中華帝国」に改めた。こうした袁の行動は、自らの野望を果たすためという面もあった一方で、四分五裂した中華を束ねるためには、強力な立憲君主制が必要との考えであったという見方もある。

しかし、結果はまったく予想と反するものだった。北京では学生らが批判のデモを行い、地方の軍閥はこれを口実に次々と反旗を翻した。彼の足元の北洋軍閥の諸将までもが公然と反発し、袁を批判した。さらには当初傍観していた日本政府が、皇帝即位の受けの悪さを見て取るや、厳しく非難を始めた。結局一九一六年三月にしぶしぶ退位した。しかし一度失墜した権威は戻らず、同年六月に失意のうちに病死した。死因は尿毒症と伝えられる。

袁の死後、彼の部下であった馮国璋、徐世昌、段祺瑞などが相次いで政権につきいわゆる北京政府として対外的に中華民国の正式政府として存続したが、いずれも大陸全体をまとめる力を持ちえず、各地方を根拠とする軍閥割拠の時代に突入した。蒋介石の北伐が終了するまでの十年余り、この状況が続くこととなる。

現在でも中華民国及び中華人民共和国で、袁世凱は悪役であり時に漢奸とまでいわれている。中国国民党と中国共産党の双方が称揚する孫文らを弾圧したこと、日本の対華二十一ヵ条要求に屈したこと、そして時代に逆行して皇帝に即位したことは、革命で打ち立てられた共和制中国を乱したとして厳しく批判されている。

四　小村壽太郎《こむらじゅたろう》

一八五五（安政二）年九月十六日、日向国飫肥藩（現在の宮崎県日南市のほぼ全域および宮崎市南部）の下級藩士・小村寛平と梅子の長男として生まれる。一八七〇（明治三）年、貢進生（註：254頁参照）として大学南校（東京大学の前身）に入学。第一回文部省海外留学生に選ばれてハーバード大学へ留学し、法律を学んだ。

帰国後は司法省に入省し、大審院判事を経て、一八八四（明治十七）年に外務省へ転出する。陸奥宗光に認められて、一八九三（明治二十六）年には清国代理公使を務めた。乙未事変の後、三浦梧楼に代わって駐韓弁理公使を務め、在朝鮮ロシア総領事のカール・ウェーバーと覚書（閔妃殺害事件の事後処理に関する協定）を交わした。その後、外務次官、一八九八（明治三十一）年に駐米・駐露公使を歴任。一九〇〇（明治三十三）年の義和団の乱では、講和会議全権として事後処理に当たった。

一九〇一（明治三十四）年、第一次桂内閣では外務大臣に就任。翌年、日英同盟を積極的に主張して締結に持ち込む。日露戦争後の一九〇五（明治三十八）年、ポーツマス会議日本全権としてロシア側の全権ウィッテと交渉し、ポーツマス条約を調印。ただし、その後にアメリカの鉄道王・ハリマンが満洲における鉄道の共同経営を提案（桂＝ハリマン協定）したのを首相や元老の反対を押し切って拒否している。

一九〇八（明治四十一）年成立の第二次桂内閣では外務大臣に再任する。幕末以来の不平等条約を解消するための条約改正の交渉を行い、一九一一（明治四十四）年に日米通商航海条約を調印し関税自主権の回復を果たした。日露協約の締結や韓国併合にも関わり、一貫して日本の大陸政策を進めた。

同年の桂内閣総辞職に伴い政界を引退するも、その年十一月二十六日、結核療養のために滞在していた葉山町の別荘にて死去した。墓所は東京都港区の青山霊園にある。


ポーツマス条約時の逸話がある。

ポーツマスに出発する時、新橋駅で戦勝を祝う歓呼の人垣に囲まれて見送る首相の桂太郎に、「（自分が）帰って来る時には、人気はまるで正反対でしょう」と言った。小村は大国ロシアとの交渉が難航することを最初から予見していたという。

ポーツマス条約が結ばれた深夜、ホテルの一室から妙な泣き声が聞こえてくるのを不審に思った警備員がその部屋を訪ねると、小村が大泣きしていたのを発見した。小村にとってこの条約の調印は、苦渋の決断だったと思われる。帰国時には怒り狂う右翼団体からさまざまな罵声を浴びせられ、泣き崩れた小村を伊藤博文と山縣有朋が両脇から抱えて首相官邸へ連れて行ったという。

ポーツマス講和条約調印で一度に疲れの出た小村全権は、ニューヨークに来た時は寝込んでしまったが、帰国の船中で、戦後の日本の執るべき外交施策について小西秘書官に口述し、自分に万一の時には山座に手渡すように命じた。次に示すのがその「韓満施設綱領」で、山座はこれを絶えず身辺に置いていたらしく、北京急死の時、公使の引き出しに蔵われていたという。

唯この資料は「未定稿」と書かれているように、このままの形で閣議決定されたことはない。

《付・韓満施設綱領》

極秘

韓満施設綱領（未定稿）

今回日露講和ノ結果トシテ韓国ハ全然我主権範囲ニ属シ満洲ハ両分セラレ其一半ハ我勢力範囲ニ帰セリハ如上ノ事実ヲ根柢トシテ韓満ニ対スル計画ヲ定ムルニ当リ韓国ニ於ケル帝国ノ事実的主権ヲ擁護確守シ満洲ニ於ケル帝国ノ勢力ヲ維持確立シ以テ自衛ノ途ヲ全フシ経済力ノ発展ヲ図ルヲ以テ其主要ノ目的トナサヽルヘカラス前記ノ計画ヲ実行スルニ於テハ或ハ一時不測ノ困難ニ遭遇スルコトアルヘキモ帝国ハ萬難ヲ排シテ之ヲ貫徹スルノ覚悟ナカルヘカラス而シテ其実行ノ方法手段ニ至リテハ固ヨリ熟慮精査ヲ要スルコト論ヲ俟タスト雖国家前途ノ利害ニ鑑ミ内外ノ情勢ヲ慮ルニ於テ韓満ニ対スル施設ハ大体左ノ如クニシテ可ナラムカト思考ス

韓国ニ関シテハ

（甲）施政ノ改善

一、今回韓国ニ対シ保護権ヲ確立スルニ於テハ公使、領事制ヲ一変シ京城ニ統監（レジデント、ゼネラル）ヲ置キ地方ニ理事官（レジデント）ヲ置キ帝国臣民ノ保護韓国列国間条約ノ実行及韓国施政統轄ノ任ニ当ラシムルコト

二、韓国ノ施政ハ事情ノ許ス限リ急激ノ変革ヲ避ケ漸次実務ノ敏活整理ヲ図リ其改善ノ実ヲ挙クル事ヲ以テ大体ノ方針トナスヲ要スト雖警察、司法及主税ニ関シテハ急速ニ其改革ヲ断行シ確実ニ同国人民ノ生命財産

ヲ保護シ以テ其民心ヲ収覚シ併セテ同国ニ於ケル本邦人ノ企業ヲ便宜ナラシムルヲ努ムルコト
三、韓国帝室ノ安寧、尊厳ヲ擁護シ其帝位継承及財産ノ安全ヲ確保シ以テ同国皇帝ニ安心ヲ与フルヲ努ムルコト
四、韓国財政ノ整理ハ冗費ヲ省キ収税ヲ確実ニシ且煙草、食塩、酒類等ノ専売其他適当ノ方法ヲ以テ国庫収入ノ増加ヲ図リ歳計ニ余裕ヲ生セシムルヲ以テ其方針トナスヘキコト
(乙)韓国ノ防衛
一、陸軍ニ在リテハ差当タリ韓国ノ秩序ヲ維持シ其領土防御ノ急要ニ応スルニ足ルヘキ軍隊ヲ置キ将来実際ノ必要ニ応シ其増加ヲ実行スルコト
二、海軍ニ在リテハ朝鮮海峡ヲ扼守シ且韓国東西両沿岸ノ防御ニ必要ナル設備ヲ為スコト
(丙)韓国ニ於ケル事業
一、韓国ニ於ケル鉄道ハ其統一発達ヲ図ル為帝国政府ノ事業ト為シ既成線路(京釜間、馬山三浪津間、京義間及黄洲兼二浦間)ノ改良及予定線路(京元間)ノ竣工ヲ実行スルコト
二、韓国ニ於ケル通信機関ノ整理拡張ヲ図ルコト
三、韓国ニ於ケル各種ノ殖産事業ニ関シテハ帝国政府ハ大体ノ方針ヲ決定指示スルニ止メ其実行ハ個人的企業ニ一任スルコト
四、教育(教育ハ韓国臣民ヲシテ日本ニ感化セシムルヲ主眼トス)、衛生、道路開設、港湾修築、治水、造林、農事改良其他必要ノ公共事業ハ韓国歳計ニ余裕ノ生スルヲ俟チ同国政府ヲシテ漸次之ヲ実行セシムルコト
(丁)韓国施設ニ要スル経費

一、韓国ノ防衛ニ関スル経費ハ当分帝国政府ニ於テ其全部ヲ負担スルコト
二、韓国財政ノ整理其宜キヲ得歳計ニ余裕ヲ生スルニ至ラハ同国政府ヲシテ其経営ニ属スヘキ公共事業ヲ実行セシムルト同時ニ同国防衛ニ要スル経費ノ一部ヲ分担セシムルコト
三、韓国ニ於ケル鉄道ノ改良増設及通信機関ノ整理拡張等ニ要スル経費ハ帝国政府ノ負担タルヘキコト
四、統監府及主要地ニ於ケル理事庁ノ建築ハ帝国政府ノ経費ヲ以テ急速ニ之ヲ実行スルコト
五、韓国ニ於ケル事業ニ関シ帝国政府ノ負担スヘキ経費ハ適当ノ時機ニ於テ外債ヲ募集シ之ヲ支弁スルコト

（戊）外国人ノ保護、待遇

一、帝国政府ハ韓国ニ対スル保護権設定ノ結果当然同国及列国間ニ存在スル条約施行ノ任ニ当タルコト、ナリタルヲ以テ将来帝国ト列国トノ間ニ紛議ノ生スルヲ避クル為同国ニ於ケル外国人ニ対シ安全ナル保護ヲ与フルヘキコト
二、帝国政府ハ韓国ニ於ケル商工業（鉱山採掘ヲ含ム）ニ関シ外国人ヲシテ本邦人ト均等ノ利益ヲ享有セシムルコト
三、将来韓国政府ニ於テ本邦人ノ内地雑居ヲ公認スル場合ニ欧米人ハ当然之ニ均霑スヘキモ清国ニ於テハ未タ外国人ニ内地雑居ヲ許サヽルヲ以テ同国人ハ均霑ノ限ニ在ラサルコト

満洲ニ関シテハ

（甲）遼東租借地

一、遼東（関東洲）ニ総督ヲ置キ政事、軍事及経済ニ関スル総テノ事務ヲ統括セシムルコト
二、大連港ヲ商港トシ内外船舶及人民ノ往来、住居ヲ自由ニシ外国領事ノ駐在ヲ許スコト

三、旅順港ハ軍港トシ其一部ヲ商業ノ用ニ供シ内外船舶及人民ノ往来居住ヲ許スコト但シ軍事上ノ必要如何ニ依リテハ外国領事ノ駐在ヲ許サヽルコト

四、旅順口ノ防備ハ差当リ急施ヲ要スル工事ヲ除クノ外現状ノ儘之ヲ維持シ将来実際ノ必要ニ応シ其完成ヲ図ルコト

（乙）満洲鉄道

一、帝国ノ経営ニ属スル満洲鉄道（旅順長春間幹線四百五十七哩、各支線総延長六十五哩安東県奉天間百七十九哩奉天新民庁間三十九哩、合計七百四十哩）ハ名義上日清両国ノ協同事業ト為シ日本法律ノ下ニ一ノ会社ヲ組織シ該鉄道及付属財産ノ実価ヲ以テ帝国政府ノ持株トシ清国政府ノ出資ハ其希望ニ任セ適宜ニ額ヲ定メシメ尚日清両国人ハ勿論一般外人ヨリモ持株ヲ募集シ右等ノ資金ヲ合シテ会社ノ資本トナシ其外該鉄道ノ改築、増設及営業等ニ要スル費用ハ債権ヲ以テ之ニ充ツルコトヽシ差当リ我国庫ノ負担ヲ生スルノ必要ナカラシムルヲ期スルコト

二、撫順及煙臺炭鉱ハ右鉄道ノ付帯事業トシテ同一会社ヲシテ之ヲ経営セシムルコト而シテ此等炭坑ニ現存スル採掘設備ハ其実価ヲ以テ前記帝国政府持株中ニ加フルコト

三、該鉄道幹支線ハ満洲ニ於テ最モ人口稠密、物産多夥ノ地方ヲ通過シ其付帯事業タル炭坑採掘モ亦頗ル有望ナルヲ以テ若シ経営宜シキヲ得同地方官民ノ信用ヲ博スルニ於テハ或ハ直ニ収支相償ハサルヘキモ数年ヲ出テスシテ相当ノ収益ヲ見ルニ至ルヘキハ疑フヘカラサルコト

四、満洲ニ於ケル我経営ヲ全フスルト同時ニ鉄道事業ノ利便ヲ図ル為旅順長春間鉄道ヲ延長シテ中部満洲ノ商業中心タル吉林（長春、吉林間の距離は約八十哩）ニ之ヲ達セシムルコト

五、満洲鉄道ノ守備ハ遼東総督ヲシテ之ヲ担任セシムルコト

（丙）満洲ニ於ケル事業

一、鴨緑江両岸（其右岸ニ於ケル伐木権ハ清国政府ノ承諾を容ス）ニ跨ル森林ノ経営ハ帝国政府ノ事業トシテ其収益ヲ以テ韓満施設ニ要スル経費ノ一部ニ充ツルコト

二、満洲ニ於ケル各種ノ殖産事業ニ関シ本邦人ハ個人的企業ニテハ到底同地方人民ト競争シ得ルノ見込ナキヲ以テ帝国政府ハ本邦ノ確実ナル事業家ヲシテ一ノ会社ヲ組織セシメ適当ノ保護助成ヲ与ヘテ鉱山採掘、河川通航、陸路運輸其他公共的事業（市街鉄道、水道電燈等ヲ云フ）ノ経営ニ当ラシムルコト但シ清国人ニ限リ該会社株式ノ一部ヲ所持セシムルヲ得策トス

三、前項以外ノ事業ハ本邦人ノ個人的企業トシ可成清国人ト協同シテ之ヲ経営セシムルノ方針ヲ採ルヘキコト

四、満洲内地ニ於ケル帝国臣民及其事業ノ保護ヲ全フスル為主要ナル新開市場即チ安東県、奉天、長春及哈爾賓（長春及哈爾賓ノ開市ハ清国政府ノ承諾ヲ容ス）ニ領事館ヲ設置スルコト

（丁）遼陽ニ於ケル設備

一、露国ハ既定ノ計画ニ基キ哈爾賓ヲ以テ北部満洲経営ノ中心ト為スヘキヲ以テ帝国ニ於テハ遼陽ヲ以テ南部満洲経営ノ中心トシ差当リ同地ニ於ケル既成ノ設備ヲ維持シ尚実際ノ必要ニ応シテ其完成ヲ図ルコト

二、本邦遼陽間交通ノ迅速便宜ヲ図ル為遼陽ト安東県奉天間鉄道ノ或ル地点トノ間ニ鉄道ヲ敷設スルコト

（戊）満洲施設ニ要スル経費

一、鉄道経営ニ要スル経費ハ外資ヲ以テ之ニ充テ其他ノ経費ハ内国ノ財源即チ租税、内国債、一時借入金等ヲ以テ之ヲ支弁スルコト

二、前項外資ノ調達ハ方法其宜シキヲ得ハ充分ニ我希望ヲ達シ得ルノ見込アルコト

（註）貢進生《こうしんせい》とは

一八七〇（明治三）年七月二十七日太政官布告により、当時の各藩は石高に応じ一名から三名の人材を大学南校に貢進することが命じられた。彼らを貢進生という。

大学南校は、明治政府が洋学を教授するため設置した教育機関であり、のちに開成学校を経て東京大学に発展する教育機関である。

貢進生の総数は三百十八名で、年齢は十六歳から二十歳とされていたので生年は一八五一（嘉永四）年から一八五五（安政二）年の者となるが、例外もある。

当時は他に、初等教育機関や中等教育機関が整備されていなかったため、大学南校は彼らの成長と共に、初等教育から中等教育を行い、徐々に外国語・専門教育を行った。

貢進生は、学ぶべき洋学の国籍に応じて英語・フランス語・ドイツ語の分野に分かれ各国語の習得から学び始めた。一八七一（明治四）年一月の段階で、英語は二百十九名、フランス語は七十四名、ドイツ語は十七名である。

大学南校は、南校、第一大学区第一番中学、開成学校と変遷する中で、開成学校段階から専門教育が開始され、一八七七（明治十）年東京大学成立以降、順次卒業生を輩出してゆき、貢進生はその第一期生を構成しているが、最優秀生は東京大学卒業生ではない。

貢進生のうち最も優秀な学生が東京大学編入学・卒業を待たずに、東京大学成立以前の一八七五（明治八）年及び一八七六（明治九）年に文部省より海外留学生として派遣された。

貢進生は、明治初期の日本に於いて、西洋近代の学問を組織的に学んだ第一世代であり、帝国大学成立時に於いて教授陣の中心を占めるなど、明治中期以降の日本のアカデミズムに於いて中心となって活躍した世代である。

五　森恪《もりつとむ》

昭和戦前期の日本の実業家であり、政治家に転じ衆議院議員となる。名の「恪」を「かく」と読むのは有職読みで、本来の読みは「つとむ」である。

中学を出て三井物産上海支店に見習生で入り、後に天津支店長となるが、その間、商権拡張に大陸を奔走、さらに上海印刷、満州採炭の社長兼務などを経て大正九年に三井物産を退社、政界に入る。以来政友会代議士として当選五回。近衛文麿らと憲法研究会を組織する一方、軍部と結んで政友会、ひいては政界右傾化のけん引車となった。

この間、昭和二年田中義一内閣の外務政務次官を勤め東方会議を事実上主宰し、四年には政友会幹事長、六年に犬養内閣の書記官長などを歴任。対満蒙積極政策を推進した。

晩年は国際連盟脱退論の中心に立ち、大東亜共栄圏構想の先駆者となった。

六　日英同盟

第一次日英同盟の本文は全六条からなっている。

前文
日本国政府及大不列顛《ぶりてん》国政府ハ偏ニ極東ニ於テ現状及全局ノ平和ヲ維持スルコトヲ希望シ且ツ清帝国及韓帝国ノ独立ト領土保全トヲ維持スルコト及該二国ニ於テ各国ノ商工業ヲシテ均等ノ機会ヲ得セシムルコトニ関シ特ニ利益関係ヲ有スルヲ以テ茲ニ左ノ如ク約定セリ
第一条
両締約国ハ相互ニ清国及韓国ノ独立ヲ承認シタルヲ以テ該二国孰レニ於テモ全然侵略的趨向ニ制セラルルコトナキヲ声明ス　然レトモ両締約国ノ特別ナル利益ニ鑑ミ即チ其利益タル大不列顛国ニ取リテハ主トシテ清国ニ関シ又日本国ニ取リテハ其清国ニ於テ有スル利益ニ加フルニ韓国ニ於テ政治上並ニ商業上及工業上格段ニ利益ヲ有スルヲ以テ両締約国ハ若シ右等利益ニシテ列国ノ侵略的行動ニ因リ若クハ清国又ハ韓国ニ於テ両締約国孰レカ其臣民ノ生命及財産ヲ保護スル為メ干渉ヲ要スヘキ騒動ノ発生ニ因リテ侵迫セラレタル場合ニハ両締約国孰レモ該利益ヲ擁護スル為メ必要欠クヘカラサル措置ヲ執リ得ヘキコトヲ承認ス
第二条
若シ日本国又ハ大不列顛国ノ一方カ上記各自ノ利益ヲ防護スル上ニ於テ列国ト戦端ヲ開クニ至リタル時ハ他ノ一方ノ締約国ハ厳正中立ヲ守リ併セテ其同盟国ニ対シテ他国カ交戦ニ加ハルヲ妨クルコトニ努ムヘシ
第三条

上記ノ場合ニ於テ若シ他ノ一国又ハ数国カ該同盟国ニ対シテ交戦ニ加ハル時ハ他ノ締約国ハ来リテ援助ヲ与へ、協同戦闘ニ当ルヘシ講和モ亦該同盟国ト相互合意ノ上ニ於テ之ヲ為スヘシ
第四条
両締約国ハ孰レモ他ノ一方ト協議ヲ経スシテ他国ト上記ノ利益ヲ害スヘキ別約ヲ為ササルヘキコトヲ約定ス
第五条
日本国若クハ大不列顛国ニ於テ上記ノ利益カ危殆ニ迫レリト認ムル時ハ両国政府ハ相互ニ充分ニ且ツ隔意ナク通告スヘシ
第六条
本協約ハ調印ノ日ヨリ直ニ実施シ該期日ヨリ五箇年間効力ヲ有スルモノトス 若シ右五箇年ノ終了ニ至ル十二箇月前ニ締約国ノ孰レヨリモ本協約ヲ廃止スルノ意思ヲ通告セサル時ハ本協約ハ締結国ノ一方カ廃棄ノ意思ヲ表示シタル当日ヨリ一箇年ノ終了ニ至ル迄ハ引続キ効力ヲ有スルモノトス 然レトモ右終了期日ニ至リ一方カ現ニ交戦中ナルトキハ本同盟ハ講和結了ニ至ル迄当然継続スルモノトス

当時のロシア帝国は対ドイツ政策としてフランス共和国と同盟関係（露仏同盟）になっていた。日露開戦となると、当然軍事同盟である露仏同盟が発動し、日本は対露・対仏戦となってしまう危険性を孕んでいた。以上の状況に牽制として結ばれた日英同盟においては、締結国が他国（一国）の侵略的行動（対象地域は中国・朝鮮）に対応して交戦に至った場合、同盟国は中立を守ることで、それ以上の他国の参戦を防止すること、更に二国以上との交戦となった場合には同盟国は締結国を助けて参戦することを義務づけたものである。また、秘密交渉では、日本は単独で対露戦争に臨む方針が伝えられ、イギリスは好意的中立を約束した。

結果、日英同盟は露仏同盟にとって強力な抑止力となった。上記の条約内容からフランスは対日戦に踏み込むことが出来なくなったばかりか、軍事・非軍事を問わず対露協力が出来なくなった。

当時、世界の重要な拠点はイギリス・フランスの植民地になっており、主要港も同様であった。日本海海戦により壊滅したバルチック艦隊は極東への回航に際して港に入ることが出来ず、スエズ運河等の主要航路も制限を受けた。また、イギリスの諜報により逐一本国へ情報を流されていた。このように日本にとって日英同盟は、軍事資金調達の後ろ盾、フランス参戦の回避、軍事的なイギリスからの援助、対露妨害の強化といった側面を持つことになった。

第二次日英同盟（一九〇五（明治三十八）年八月十二日）では、イギリスのインドにおける特権と日本の朝鮮に対する支配権を認め合うと共に、清国に対する両国の機会均等を定め、更に締結国が他の国一国以上と交戦した場合は、同盟国はこれを助けて参戦するよう義務付けられた（攻守同盟）。

第三次日英同盟（一九一一（明治四十四）年七月十三日）では、アメリカが、交戦相手国の対象外に定められた。但しこの条文は自動参戦規定との矛盾を抱えていたため、実質的な効力は期待出来なかったが、これは日本、イギリス、ロシアの三国を強く警戒するアメリカの希望によるものであった。また、日本は第三次日英同盟に基づき、連合国の一員として第一次世界大戦に参戦した。

ドイツ帝国に宣戦布告したことにより、日清戦争後の三国干渉によってドイツが中国から得た膠州湾租借地、十九世紀にスペインから得た南洋諸島を、日本は参戦後瞬く間に攻略して占領した。

大戦後半欧州戦線で連合国側が劣勢になると、イギリスを含む連合国は、日本軍の欧州への派兵を要請してきた。これに対して日本政府は遠隔地での兵站確保は困難であるとして陸軍の派遣は断った。しかしながら、ドイツ・オーストリア＝ハンガリー海軍Uボート及び武装商船の海上交通破壊作戦が強化され、一九一七（大正六）年一月からドイツ及びオーストリアが無制限潜水艦作戦を開始すると連合国側の艦船の被害が甚大なものになり、イギリスは日本に対し、地中海への駆逐艦隊、喜望峰への巡洋艦隊の派遣を要請した。直接的に何の利益も生まない欧州派遣を最初は渋っていた日本政府も、日本海軍の積極的な姿勢と占領した膠州湾租借地と南洋諸島の利権確保のため、同年二月七日から順次日本海軍第一特務艦隊をインド洋、喜望峰方面、第二特務艦隊を地中海、第三特務艦隊を南太平洋、オーストラリア東岸方面へと派遣した。

中でも地中海に派遣された第二特務艦隊の活躍は目覚ましかった。大戦終結までの間、マルタ島を基地に地中海での連合国側艦船の護衛に当たり、イギリス軍艦二十一隻を含む延べ船舶数計七百八十八隻、兵員約七十万人の護衛に当たった。そして、被雷船舶の乗組員七千七十五人を救助している。日本海軍が護衛に当たった「大輸送作戦」により、連合国側はアフリカにいた兵員をアレクサンドリア（エジプト）からマルセイユ（フランス）に送り込むことに成功している。

第一次世界大戦後の一九一九（大正八）年、パリ講和会議で利害が対立し、とりわけ、国際連盟規約起草に於ける日本の人種的差別撤廃提案が否決されたことが禍根として残り、一九二一（大正十）年、国際連盟規約への抵触、日英双方国内での日英同盟更新反対論、日本との利害の対立から日英同盟の廃止を望むアメリカの思惑、日本政府の対米協調路線を背景にワシントン会議が開催され、ここで、日本、イギリス、アメリカ、フランスによる四ヵ国条約が締結されて同盟の更新は行わないことが決定され、一九二三（大正十二）年八月十七日、日英同盟は拡大解消した。

七　日露戦争の波紋

日露戦争は二十世紀初の近代総力戦の要素を含んでおり、また二国間のみならず帝国主義（宗主国）各国の外交関係が関与したグローバルな規模をもっていた。

そこで日露戦争が世界各国に如何様な影響を及ぼしたかをを見てみよう。

【日本】

当時列強諸国からも恐れられていた大国であるロシアに勝利したことは、同盟国のイギリスやアメリカ、フランスやドイツなどの列強諸国の日本に対する評価を高め、明治維新以来の課題であった不平等条約改正の達成に大きく寄与したのみならず、非白人国として唯一列強諸国の仲間入りをし、後には「五大国」の一角をも占めることとなった。

また戦後、満洲へのアメリカ進出を警戒した日露両国は次第に接近し、一九〇七（明治四十）年日露協約が締結されて、日露関係はほとんど同盟状態に近いものとなった。その信頼関係は革命によりロシア帝国が崩壊するまで維持された。この条約により相互の勢力圏は確定され日本は朝鮮半島の権益を確保した上、ロシア帝国の軍事的脅威を排除して当面の安全保障を達成した。また新たに東清鉄道の一部である南満洲鉄道を獲得するなど、満洲における権益を得ることとなった。

この戦争に於いて日本軍及び政府は、旅順要塞司令官のステッセルが降伏した際に帯剣を許すなど、武士道精神に則り敗者を非常に紳士的に扱ったほか、戦争捕虜を非常に人道的に扱い日本赤十字社もロシア兵戦傷者の救済に尽力した。日本軍は国内各地に捕虜収容所を設置したが、愛媛県の松山にあった施設が著名であったため、ロシア兵側では降伏することを「マツヤマ、マツヤマ」と勘違いしたというエピソードもある。

日露戦争において旅順要塞での戦闘に苦しめられた陸軍は、戦後、ロマン・コンドラチェンコ陸軍中将によって築かれていた旅順要塞の堡塁を模倣し、永久防塁と呼ばれた演習用構造物を陸軍習志野錬兵場内に構築、演習などを行い要塞戦の戦術について研究したというエピソードが残されており、当時の陸軍に与えた影響の大きさを物語っている。

また、元老でありながら参謀総長として戦争を指揮した山縣有朋の発言力が高まり、陸軍は「大陸帝国」論とロシアによる「復讐戦」の可能性を唱えて、一九〇七（明治四十）年には山縣の主導によって平時二十五師団体制を確保するとした「帝国国防方針」案が纏められる。だが、戦後の財政難から師団増設は順調には行かず、十八師団を二十師団にすることの是非を巡って幽明したが、陸軍は最大の目標は達成した。

【ロシア】

不凍港を求め、伝統的な南下政策がこの戦争の動機の一つであったロシア帝国は、この敗北を期に極東への南下政策を基にした侵略を断念した。南下の矛先は再びヨーロッパ東南部のバルカン半島に向かい、ロシアは汎スラブ主義を全面に唱えることになる。このことが汎ゲルマン主義を唱えるドイツや、同じくバルカンへの侵略を企むオーストリア・ハンガリー帝国との対立を招き、第一次世界大戦の引き金となった。また、戦時中の国民生活の窮乏により、血の日曜日事件や戦艦ポチョムキンの叛乱等より始まるロシア第一革命が発生することになる。

【アメリカ】

大統領セオドア・ルーズベルトは、ポーツマス条約締結に至る日露の和平交渉への貢献が評価され一九〇六年のノーベル平和賞を受賞した。彼の対日感情はポーツマス講和への協力以降、急速に悪化していくが、一方で新渡戸稲造の『武士道』を陸海軍に教科書として配布したという話がある。

急激に国力と存在感を高めた黄色人種国である日本への人種差別感情に併せて、中国利権からの締め出しによる焦り、更に日比谷焼打事件の際、日本の群衆の怒りが講和を斡旋したアメリカにも向けられて東京のアメリカ公使館などが襲撃の対象となったことなどを受けて、アメリカの世論は憤慨し黄色人種への人種差別感情を基にした黄禍論が高まっていく。

【西欧】

イギリスは日露戦争に勝利した日本への評価を改め、一九〇五年八月十二日にはそれまでの日英同盟を攻守同盟に強化する（第二次日英同盟協約）。しかし、急激に国力と存在感を高めた黄色人種国である日本への人種差別感情に併せて、中国利権からの締め出しによる焦り、更に、アメリカでの黄禍論の高まりによる日米関係の急速な悪化により、日本との同盟を攻守同盟の性格に強化したばかりのイギリスは、新たに巻き起こった日本とアメリカの対立に巻き込まれることを恐れ始めた。

また日露戦争をきっかけに日露関係、英露関係が急速に改善し、それぞれ日露協約、英露協商を締結した。既に締結されていた英仏協商と併せて、欧州情勢は日露戦争以前の英・露仏・独墺伊の三勢力が鼎立していた状況から、英仏露の三国協商と独墺伊の三国同盟の対立へと向かった。こうしてイギリスは仮想敵国を、日露戦争の敗北により国力が疲弊したロシアからドイツに切り替え、ドイツはイギリスとの建艦競争を拡大していくようになった。

【清朝・中華民国・中華人民共和国】

日露戦争の戦場であった満洲は清朝の主権下にあった。満洲民族による王朝である清は建国以来、父祖の地である満洲には漢民族を入れないという封禁政策を取り、中国内地のような目の細かい行政制度も採用しなかった。開発も最南部の遼東・遼西を除き進んでおらず、こうしたことも原因となって十九世紀末のロシアの進出に対して対応が遅れ、東清鉄道や哈爾賓をはじめとする植民都市の建設まで許すこととなった。更に義和団の乱の混乱の中で満洲は完全にロシアに制圧された。

一九〇一年の北京議定書締結後もロシアの満洲占拠が続いたために、張之洞や袁世凱は東三省の行政体制を内地と同一とするなどの統治強化を主張した。しかし清朝の対応は遅れ、そうしているうちに日露両国が開戦し、自国の領土で他国同士が戦うという事態となった。

終戦後は、日本は当初唱えていた満洲における列国の機会均等の原則を翻し、日露が共同して利権を分け合うことを画策した。こうした状況に危機感を募らせた清朝は直隷・山東からの漢民族の移民を奨励して人口密度の向上に努め、終戦の翌々年の一九〇七年には内地と同じ「省・府・県」による行政制度を確立した。ある推計によると、一八八〇年から一九一〇年にかけて、東三省の人口は七百四十三万四千人から千七百八十三万六千人まで増加している。更に同年には袁世凱の北洋軍の一部が満洲に駐留し、警察力・防衛力を増強すると共に、日露の行動への歯止めをかけた。また、日露の持つ利権に対しては、アメリカ資本を導入して相互の勢力を牽制させることで対抗を図ったが、袁世凱の失脚や日本側の工作もあり、うまくいかなかった。また、一九一七年のロシア帝国崩壊後は日本が一手に利権の扶植に走り、一九三二年には満洲国を建国した。

第二次世界大戦で日本が敗れて満洲国が滅亡すると、代わって侵攻してきたソ連が進駐に乗じて日本の残したインフラを持ち去り、旅順・大連の租借権を主張した。中華民国を継いだ中華人民共和国がソ連から満洲を完全に返還されたのは一九五五年のことであり、日露戦争から五十年後のことであった。

【大韓帝国】

開戦前の大韓帝国では、日本派とロシア派での政争が継続していたが、日本の戦況優勢を見て、一九〇四年に東学党の系列から一進会が設立され、大衆層での親日的独立運動から、日本の支援を受けた合邦運動へ発展した。ただし当初の一進会の党是は韓国の自主独立であった。

戦争後、ロシアによる脅威がなくなった朝鮮半島では日本の影響が絶大となり、のちに大韓帝国は様々な権利を日本に委譲することとなり、更には日本の保護国となる。一九一〇（明治四十三）年の日韓併合条約の締結により、大韓帝国は日本に併合され滅亡した。

【その他の各国】

日露戦争に於ける日本の勝利は、有色人種国家独自の軍隊による、白色人種国家に対する近代戦初の勝利といえる。また、絶対君主制（ツァーリズム）を続ける国に対する立憲君主国の勝利という側面もあった。

いずれにしても日露戦争における日本の勝利が及ぼした影響は大きく、日本に来ていたドイツ帝国の医者エルヴィン・フォン・ベルツは、自分の日記の中で日露戦争の結果について「私がこの日記を書いている間にも、世界歴史の中の重要な一頁が決定されている」と書いた。

当時欧米列強の支配下にあり、第二次世界大戦後に独立した国々の指導者達の回顧録に「有色人種の小国の日本が白人の大国に勝ったという前例のない事実が、アジアやアフリカの植民地になっていた地域の独立の気概に弾みをつけたり、人種差別下にあった人々を勇気付けた」と記されるなど、欧米列強による植民地時代における感慨の記録が数多く見受けられる。

実際に日露戦争の影響を受けて、ロシアの植民地であった地域やアジアで特に独立・革命運動が高まり、清朝における孫文の辛亥革命、オスマン帝国における青年トルコ革命、カージャール朝における立憲革命や、仏領インドシナにおけるファン・ボイ・チャウの東遊運動、英領インド帝国におけるインド国民会議派に影響を与えている。

あとがき

小村壽太郎外相の下で日英同盟の締結、日露交渉、日露戦争開戦外交に関わり、日露戦争宣戦布告文を起草するなど、小村外交の中心的役割を担った山座圓次郎は、戦後も韓国統治の韓国併合、支那革命志士への援助に貢献した。

かくして山座は宿志の駐華全権特命公使となったが、これから混乱極まる大陸政策に取り掛かるべく緒に就いた矢先に斃れたのである。

現代の我が国は当時以上に対中国政策に困窮している。

歴史に「もし」はあり得ないが、山座が生きていれば如何様な歴史が展開されたであったろうか……惜しむに惜しまれる痛恨事であった。

しかし、山座の外交官としての生涯と業績の客観的な記録は貴重な伝承として、霞ケ関外交のある限り永久に生命を持ち続けるであろう。

西暦	和暦	山座圓次郎年譜	関係事項
一八六六	慶応　二	（一歳） 出生（一〇・二六） 父山座省吾（黒田藩足軽）、母ひさの次男として福岡市地行東町に生まる	薩長連合成立 フランス海軍、江華島占領 イギリス軍艦、博多湾に来る（一二月） 若槻礼次郎、生
八三	明治一六	（一八歳） 上京し、寺尾家の書生となる	岩倉具視、没
九二	二五	（二六歳） 東京帝国大学法科大学卒業 領事館雇を命ぜらる（七・一） 釜山へ赴任（一〇月）	ラヴェンナ号事件（千島艦事件）
九三	二六	（二七歳） 領事館書記生として釜山在勤を命ぜらる（七・四）（釜山総領事は室田義文） 領事館補に任ぜられ、上海在勤を命ぜらる（高等官七等）（九・一八）（総領事代理は林権助）、釜山出発（一一・一四）馬関経由、上海に着任（一一・二二）	米国移民法制定、サンフランシスコ日本学童隔離問題 ハワイ革命勃発 大石正巳、朝鮮公使となる 群司大尉ら、千島探検に出発 川上操六、満洲、シベリア旅行 福島安正中佐、ベルリンよりの帰路、単身騎馬にてシベリア横断
九四	二七	（二八歳） 帰朝を命ぜらる（八・一二出発、一八帰国） 釜山へ転任を命ぜらる（八・三〇）（領事は加藤増雄）（九・四出発）	金玉均、上海で暗殺さる（三・二七） 東学党の乱勃発 日清戦争開戦（八・一） 加藤高明、政務局長（七月）、駐英公使となる（一一月）
九五	二八	（二九歳）	日清休戦条約調印（三・三〇）、日清講和

		仁川在勤を命ぜらる（五・一七）（仁川領事は珍田捨己）（五・二四着任） 生母危篤のため一時帰国（七・二九出発、九・三帰任、生母は八・一死去） 帰朝を命ぜらる（一〇・一〇） 但し帰国前京城に出張を命ぜらる（小村政務局長随伴） 公使館三等書記官に任ぜられ（一一・一四）、英国赴任の途帰朝を命ぜらる（一一・一四出発、同二三帰京、一二・二八出発）	条約調印（四・一七） 三国干渉（四・二三）、遼東半島返還（五・一〇） 京城事変、閔妃殺害（一〇・八） 井上毅、没 荒尾精、没 三浦梧楼中将、駐韓公使となる
九六	二九	（三〇歳） ロンドン着任（二・一〇） 五級俸を賜わる（一一・八） 第二回国際図書館改良会議帝国代表となる	朝鮮政変（二・一一） 東清鉄道に関する露清密約（六・三） 日露協商（五・一四）、日露議定書（山縣ロバノフ）（六・九） 小村壽太郎、外務次官となる（六・一一） 桂太郎、台湾総督となる（六月）
九七	三〇	（三一歳） 公使館二等書記官に任ぜらる（高等官五等、四級俸、正七位、勲六等）	米国、ハワイ合併条約調印（六月） ドイツ、膠州湾占領（一一月） 後藤象二郎、没。陸奥宗光、没 小村壽太郎、駐米公使となる 桂太郎、東京防衛総督となる 東亜同文会創立
九八	三一	（三二歳） 清国償金事務の功により勲五等瑞宝章を賜わる（六月） 帰朝を命ぜらる（一一・一六）	福建不割譲日清交換公文（四・二二） 日本・威海衛撤兵、英国・威海衛租借、ロシア・旅順、大連を占領 米西戦争勃発 川上操六、参謀総長となる（一・二〇）

			児玉源太郎、台湾総督となる 後藤新平、同、民政長官となる
九九	三二	（三三歳） 一・二八ロンドン出発、三・一帰国 三級俸（一四〇〇円）を賜る（三・三一） 韓国在勤を命ぜらる（三・三一）（代理公使は日置益）（五・一一出発、五・二六京城着任） 神鞭知常長女賤香と結婚（五・一） 領事兼公使館一等書記官に任じらる（高等官四等）（一二・一） 正六位に叙せらる（一二・一三）	新改正条約実施 義和団事件勃発 孫文、亡命 勝海舟、没。川上操六、没
一九〇〇	三三	（三四歳） 京城勤を免ぜらる（六・四） 領事を免ぜられ、書記官専任となる（七・二一） 一時帰朝を命ぜらる（八・一〇）（八・二二帰国、九・二二帰任）	義和団事件に派兵決定（六月） 厦門事件（八月） ロシア、満洲を占領（八・二五） 伊藤博文、政友会を組織。小村壽太郎、駐露公使（二月）、駐支公使（一二月） 品川弥二郎、没。黒田清隆、没 児玉源太郎、厦門事件の責任を負っての辞任申出不聴許。陸軍大臣となる
〇一	三四	（三五歳） 帰朝を命ぜらる（一・一二） （二・二〇仁川出発、三・一帰国） 二級俸を賜わる、韓国在勤を免ぜらる、高等官四等となる（三・五） 兼任外務書記官、政務局勤務を命ぜらる（三・五）	シベリア鉄道、ウラジオストクまで開通（一月） 満洲に関する露清密約（二月） 義和団事件最終議定書調印（九・七） 伊藤博文、米国経由、訪露（九・一八出発） 内田康哉、駐支公使となる

		北清事変のため被りたる帝国臣民の損害調査委員を命ぜらる（三・三〇） 臨時勲功調査委員を命ぜらる 本官を免ぜられ外務書記官専任となる、二級俸を賜う（四・一七） 政務局長心得を命ぜらる（九・二一） 政務局長を命ぜらる（高等官三等）（一二・二〇）	露国、満洲撤兵第一期計画実施（一〇・八） 近衛篤麿、陸羯南ら満韓視察 桂太郎、首相となる 福沢諭吉、没 葉山長雲閣元老会議（日英同盟）（一二・七） 東亜同文書院、上海に設立（八月） 小村外相、一一・一三より重患、一一月中病臥
〇二	三五	（三六歳） 従五位に叙せらる	日英同盟条約締結（一・三〇） 露仏同盟締結（三・二〇） 満洲撤兵に関する露清条約締結（四・八） 西郷従道、没 明石元二郎（中佐）、露国在勤を命ぜらる
〇三	三六	（三七歳）	無隣庵会議（四・二一） 露国陸軍大臣クロパトキン来日。アレキセーフ、極東大守となる 伊藤博文、枢密院議長就任（七月） 西園寺公望、政友会総裁となる（七月） 児玉源太郎、台湾総督のまま内務大臣となる（七・七）。のち、参謀次長となる
〇四	三七	（三八歳） 高等官二等となる（一一・二二）	対露最後通牒（一・一三）、宣戦布告（二・一〇） 日韓議定書調印（二・二三） 日韓協約（八・二二） 近衛篤麿、没（一・二） 金子堅太郎、渡米（二・二四）

			伊藤博文、全権大使として朝鮮に赴く（三・一三） 山縣有朋、参謀総長となる 児玉源太郎、満洲軍曽参謀長となる
〇五	三八	（三九歳） 五位に叙せらる（一・一一） 講和全権委員随員として米国に差遣さる（七・四） 日清協約調印のため小村外相に随行、北京に出張（一二月）	奉天会戦（三・一〇）、日本海海戦（五・二八） 米大統領、講和周旋申出（六・九） ポーツマス講和会議、講和条約調印（九・五） 小村全権ら帰国（一〇・一六） 岳父、神鞭知常、没（六・二一） 日比谷焼打事件（九・五） 在英公使館、大使館に昇格 第二回日英同盟条約調印 桂・ハリマン予備協定（一〇・一二） 日韓協約調印（一一・一七）韓国保護国化、 満洲に関する日清協約調印（一二・二二）
〇六	三九	（四〇歳） 清韓両国地方状況視察を命ぜらる（四・一三）（西園寺公望の非公式渡満に随行） 清国満洲に於ける軍政撤廃等の件に関し、調査のため清国に差遣さる（五・三一）（船津辰一郎領事随行）	韓国統監府開庁 南樺太受領（六月） 関東都督府官制公布（八・一） 南満洲鉄道株式会社設立（一一・二六） 児玉源太郎、没（七・二三） 小村壽太郎、駐英大使となる（七月） 後藤新平、満鉄総裁となる
〇七	四〇	（四一歳）	第一回日露協約（七・三〇） 韓国皇帝譲位詔勅発布（七・一九） 日韓協定調印（七・二四）

			韓国ヘーグ密使事件（七月） 皇太子、韓国訪問（桂太郎、供奉） 伊藤総監、朝鮮皇太子を伴い帰国（一二・一五）
〇八	四一	（四二歳） 条約改正取調委員を命ぜらる（四・二四） 従四位に叙せらる（七・八） 大使館参事官に任ぜらる（高等官一等）、英国在勤を仰せ付けらる（六・六）、一級俸を賜わる（交際費六千円）（臨時代理大使は陸奥広吉）（九・二二ロンドン着任） 海戦法規会議全権委員を命ぜらる（九・二一）	広東、香港にはじめて日貨排斥運動起こる 清国の光緒帝、西太后相次いで没（一一月） 加藤高明、駐英大使となる（九・一二）（着任は翌年二月）
〇九	四二	（四三歳）	伊藤博文、韓国総監を辞し（後任は曽禰荒助）、枢密院議長となる。訪露の途ハルビンにて暗殺さる（一〇・二六） 満洲五案件に関する日清協約（九・四）
一〇	四三	（四四歳）	米国、満洲鉄道中立に関する覚書提示、日本側拒絶（一月） 第二回日露協約（七・四） 日韓併合に関する条約締結（八・二二） 朝鮮総督府設置 大逆事件 寺内陸相、韓国総監兼任 後藤新平逓相、拓植局副総裁兼任

一一	四四	（四五歳） ジョージ五世戴冠式に東伏見宮殿下御参列	第三回日英同盟（七・一三） 白瀬大尉南極探検 辛亥革命勃発（一〇・一〇）
一二	四五 大正元	（四六歳） 帰朝を命ぜらる（一・二二）（四・一三出発、米国経由帰国）（五・七丹波丸にてシアトル出発） 英国在勤を免ぜらる（八・二六） 清国各地情況視察のため同国へ差遣さる（九・三） 袁世凱と会見（一〇・一七及び一〇・二一） 黎元洪と会見（武昌）（一〇・二二） 程徳全と会見（南京）（一一・一）	孫文、南京にて臨時大総統就任（一・一） 犬養、頭山ら、南京にて孫文、黄興と会見（一・八） 宣統帝退位（二・一二）、袁世凱、臨時大総統就任（三・一〇） 第三回日露協約（七・八） 露蒙協定（一一・三） 桂首相、露国訪問に出発（後藤新平、若槻礼次郎随行）、天皇崩御のため八・一一帰京、内大臣、侍従長となる
一三	二	（四七歳） 特命全権公使に任ぜらる（一級俸）（六・二二）（七・一八淡路丸にて神戸出帆、七・二七着任、伊集院公使と事務引継） 従四位勲一等に叙せらる（九・一〇）	孫文、来日（二月） 米ウィルソン大統領就任（三・四）、カリフォルニア州議会、排日土地法案上程 阿部政務局長刺さる（九・四） 中華民国政府成立（袁世凱、大統領）
一四	三	（四八歳） 帰朝を命ぜらる（五・一八） 突然発病（五・二七）、急逝（五・二八午前零時四〇分） 特旨をもって位二階級を進められ正三位に叙せらる	シーメンス事件（一月） 井上、山縣、松方、大山の四元老、日露同盟促進意見書を大隈首相に提出（四月） この年、第一次世界大戦勃発

参考・引用文献

近代日中関係史年表編集委員会編：『近代日中関係史年表　一七九九—一九四九』　岩波書店
長谷川峻：『山座圓次郎—大陸外交の先駆—』　時事新書　一九六七年
一又正雄編著：『山座円次郎伝—明治時代における大陸政策の実行者—』　原書房　一九七四年
ハロルド・ニコルソン著、斎藤眞・深谷満雄訳：『外交』　東京大学出版会　一九六八年
カール・フォン・クラウゼヴィッツ・日本クラウゼヴィッツ学会訳：『戦争論』　芙蓉書房出版　二〇〇一年
加瀬俊一：『現代外交の潮流』　山手書房　一九八二年
上垣外憲一：『暗殺・伊藤博文』　ちくま新書　二〇〇〇年
岡崎久彦：『小村寿太郎とその時代』　ＰＨＰ研究所　二〇〇二年
岡田幹彦：『小村寿太郎 近代随一の外交家その剛毅なる魂』　展転社　二〇〇五年
吉村昭：『ポーツマスの旗 外相・小村寿太郎』　新潮社　一九八〇年
片山慶隆：『小村寿太郎　近代日本外交の体現者』　中公新書　二〇一一年
金山宣夫：『小村寿太郎とポーツマス　ロシアに「外交」で勝った男』　ＰＨＰ研究所　一九八四年
服部龍二：『広田弘毅「悲劇の宰相」の実像』　中公新書　二〇〇八年
広田弘毅伝記刊行会：『広田弘毅』　中央公論事業出版　一九六六年
東久邇宮稔彦王：『私の記録』　東方書房　一九四七年
葦津珍彦：『大アジア主義と頭山満』　葦津珍彦の主張シリーズ　葦津事務所　二〇〇八年
読売新聞西部本社編：『大アジア燃ゆるまなざし 頭山満と玄洋社』　海鳥社　二〇〇一年

猪野健治：『日本の右翼』　ちくま文庫　二〇〇五年
井川聡・小林寛：『「人ありて」頭山満と玄洋社』　海鳥社　二〇〇三年
岡本隆司：『袁世凱―現代 中国の出発』　岩波新書　二〇一五年
J・チェン・守川正道訳：『袁世凱と近代中国』　岩波書店　一九八〇年
山室信一：『日露戦争の世紀―連鎖視点から見る日本と世界―』　岩波新書　二〇〇五年
黒岩比佐子：『日露戦争 勝利のあとの誤算』　文藝春秋　二〇〇五年
加藤陽子：『戦争の日本近現代史―征韓論から太平洋戦争まで―』　講談社現代新書　二〇〇二年
平野洋一：『日露戦争を世界はどう報じたか』　芙蓉書房出版　二〇一〇年
海野福寿：『伊藤博文と韓国併合』　青木書店　二〇〇四年
海野福寿：『韓国併合』　岩波新書　二〇〇七年
崔基鎬：『日韓併合　韓民族を救った「日帝三十六年」の真実』　祥伝社　二〇〇六年
崔基鎬：『日韓併合の真実「韓国史家の証言」』　ビジネス社　二〇〇三年
田所竹彦：『孫文―百年先を見た男―』　築地書館　二〇〇〇年
陳徳仁・安井三吉：『孫文と神戸「辛亥革命から九〇年」』　神戸新聞総合出版センター　二〇〇二年
黄文雄：『日本の植民地の真実「台湾朝鮮満洲」』　扶桑社　二〇〇三年
山本友造編：『「満洲国」の研究』　緑蔭書房　一九九五年
岡本隆司：『属国と自主のあいだ「近代清韓関係と東アジアの命運」』　名古屋大学出版会　二〇〇四年
戸谷由麻：『東京裁判「第二次大戦後の法と正義の追及」』　みすず書房　二〇〇九年

【著者プロフィール】

樋口正士（ひぐち まさひと）

１９４２（昭和１７）年　東京都町田市生まれ
日本泌尿器科学会認定専門医　医学博士

著書　『石原莞爾将帥見聞記―達観した生涯の蔭の壮絶闘病録―』原人舎
　　　『―日本の命運を担って活躍した外交官―芳澤謙吉波瀾の生涯』グッドタイム出版
　　　『下剋上大元帥―張作霖爆殺事件―』グッドタイム出版
　　　『藪のかなた―駐華公使・佐分利貞男変死事件ー』グッドタイム出版
　　　『ＡＲＡ密約―リットン調査団の陰謀―』カクワークス社
　　　『捨石たらん！満蒙開拓移民の父　東宮鉄男』カクワークス社

趣味　家庭菜園

福岡が生んだ硬骨鬼才外交官　山座 圓次郎

2016年7月27日　初版第1刷発行

著　　者　樋口正士
発 行 人　福永成秀
発 行 所　株式会社カクワークス社
〒150-0043　東京都渋谷区道玄坂2-18-11　サンモール道玄坂212
電話　03(5428)8468　ファクス03(6416)1295
ホームページ　http://kakuworks.com

印刷・製本　日本ハイコム株式会社
装　　丁　なかじま制作
D　T　P　スタジオエビスケ

落丁・乱丁はお取替えいたします。但し、古書店で購入されたものについてはお取替えできません。

定価はカバーに表示してあります。

ISBN978-4-907424-07-7